北大版海外汉语教材·基础教程系列

庄稼婴 张增增 编著

新视角
XINSHIJIAO
高级汉语教程(上)

北京大学出版社
PEKING UNIVERSITY PRESS

图书在版编目(CIP)数据

新视角：高级汉语教程（上）/庄稼婴，张增增编著. —北京：北京大学出版社，2007.10
（北大版海外汉语教材·基础教程系列）
ISBN 978-7-301-12814-5

Ⅰ.新… Ⅱ.①庄…②张… Ⅲ.汉语－对外汉语教学－教材 Ⅳ.H195.4

中国版本图书馆CIP数据核字（2007）第155183号

书　　　名：新视角——高级汉语教程（上）
著作责任者：庄稼婴　张增增　编著
责 任 编 辑：欧慧英
标 准 书 号：ISBN 978-7-301-12814-5/H·1853
出 版 发 行：北京大学出版社
地　　　址：北京市海淀区成府路205号　100871
网　　　址：http://www.pup.cn
电 子 信 箱：zpup@pup.pku.edu.cn
电　　　话：邮购部 62752015　发行部 62750672　出版部 62754962　编辑部 62752028
印 　刷 　者：北京大学印刷厂
经 　销 　者：新华书店
　　　　　　889毫米×1194毫米　16开本　17.75印张　560千字
　　　　　　2007年10月第1版　2013年11月第4次印刷
定　　　价：65.00元（附1张MP3）

未经许可，不得以任何方式复制或抄袭本书之部分或全部内容。
版权所有，侵权必究
举报电话：010-62752024　　电子信箱：fd@pup.pku.edu.cn

前　言

《新视角——高级汉语教程》共分上、下两册。主要对象为汉语非母语的高年级学生，即在国外大学完成了两年汉语学习或完成了初、中级汉语学习的学生。

课本设计的理论基础：

本书编写的主要理论依据是：突出语言在沟通中的作用，强调内容（语义）在外语学习中的重要性。我们认为，学习语言的最终目的并非为了单纯掌握某种语法形式，而是为了表达思想，传递信息。第二语言习得的理论指出，具有丰富内容的语言有利于学生掌握外语，因为在理解内容的过程中，学生需要运用认知思维的深层信息处理机制，而启动深层信息处理机制恰恰是掌握一门语言、一种知识和技能的关键。通过用外语介绍新话题和新内容，能够提高学生的记忆、联想、理解、分类、分析和判断能力。与此同时，要提高语言水平，语言课不能只限于普通的日常话题，而应该扩展到不同知识领域的话题，让学生有机会接触正规、多样、复杂的语言现象。

基于上述理论本书的编写采用了以下原则，（1）以内容为中心，（2）语言教学围绕内容而进行。这一出发点有别于传统的外语教学。传统教学往往根据语言形式安排教学大纲，如哪些语法点、哪些词汇、哪些句型是学生必须掌握的，并由此决定教学内容与顺序，而以内容为主的外语教学则首先考虑内容，语言形式全然根据内容而定。这对学生掌握语言形式、语义、社会语言功能十分有益。

课本内容：

在选择课本内容时，我们将重点放在21世纪中国与世界的关系上。网络时代、经济全球化、新科技的发展、多元文化的互动改变了传统的生活方式、生产方式和思维方式。中国是国际社会的一部分。我们的课本也要反映这一发展和变化，即从不同视角、不同层面，采用横向和竖向比较来看待中国。我们选材的主要标准是内容的相关性和语言的合适性。由于本书是为外国学生而编写的，所选材料从不同视点来探究中国，了解中国，并利用学生原有的文化背景知识，逐步导入新内容、新视角。

本书分为上册和下册，每册包括五个话题（即单元）。每个单元有三篇与该主题相关的文章。

《新视角——高级汉语教程》

上　册
第一单元：网络时代
第二单元：经济全球化
第三单元：环境保护
第四单元：教育
第五单元：就业

下　册
第六单元：人口的迁移与文化影响
第七单元：人口政策与社会发展
第八单元：新的生活方式
第九单元：商业文化的渗透
第十单元：流行语与文化的变迁

课本结构：

课本设有两个主要人物，他们是在华留学的美国学生。每一单元开始的时候，通过他们与当地人民的对话，来介绍新话题，并串联不同的主题。

1. 单元热身活动（激活学生原有的语言和背景知识）

2. 单元介绍

　　单元介绍以对话的形式出现。在对话里，会提出一些问题，以此为该单元的内容做一个铺垫。

3. 语言材料的导入（三篇课文，均以地道语料为基础）

课文
- 一、生词表
- 二、语言注释
- 三、语言练习

4. 单元补充练习（学生或教师可以根据教学需要，选用或全用。）

有四个附录。一为本书的录音文本，二为本书的练习参考答案，三为本书的生词总表，四为本书的语言注释索引。

◎ **语言练习：**

本书的语言练习以交流为主，形式多样活泼，听说读写交融，便于课堂教学或自学。语言练习主要有以下几种形式：

1. 词汇练习：包括理解、分类、运用等各种方式。
2. 阅读理解练习：包括理解问题、选择题、讨论题、信息组合、信息分析、词汇运用、篇章连词运用、总结、评论等方式。
3. 听力练习：包括总结、理解、评论、讨论等方式。
4. 听说读写综合练习：注重理解、运用、分析、总结、判断等多方面能力的培养。

◎ **本书特点：**

1. 注重内容的现时性、相关性、多样性和复杂性。
2. 所有课文都基于真实地道的语料。选用了政府文件、报刊文章、广告、公司介绍等各种原材料，以此来保证内容的准确和真实，并使语言运用更贴近中国现实生活。
3. 配有以交流为主，以学生为主，互动的多样性教学任务。教学活动综合了听说读写四项技能。

以上是关于教材编写和使用的一些说明。我们希望本书对您学习汉语或从事对外汉语的教学有所帮助。由于我们水平有限，错误难免。如果您在使用中发现问题，请不吝赐教。

◎ **编者简介：**

庄稼婴博士，美国蒙特利国际研究学院教授兼中文项目主管。1983年起在美国高校执教汉语课程，曾任美国国际教育交流协会汉语项目主管。她参与过多项与外语教学相关的研究，包括课程设计、教材编写、在线教育、语言测试等，并已出版多部高年级汉语教学教材、多篇论文和多本专著。

张增增博士，1988年开始在美国高校从事汉语教学工作，现为美国蒙特利外语教学中心副教授。近几年来，她专职研究汉语教学大纲设计、汉语教材编写和语言测试工作，已出版大量汉语教学教材及多篇论文。

目 录

第一单元 网络时代 / Unit 1　E-Era / 1

热身活动 / Warm-up Activities / 2

对话 / Dialogue / 3

- 1.1 中国网民数突破1亿 6
- 1.2 中国的"博客革命" 22
- 1.3 网络时代：BT改变了生活 33

第一单元　补充练习 / 45

第二单元 经济全球化 / Unit 2　Economic Globalization / 53

热身活动 / Warm-up Activities / 54

对话 / Dialogue / 55

- 2.1 海尔公司在海外 58
- 2.2 洋快餐入乡随俗 70
- 2.3 全球化带来的两极分化 81

第二单元　补充练习 / 94

第三单元 环境保护 / Unit 3　Environment Protection / 99

热身活动 / Warm-up Activities / 100

对话 / Dialogue / 101

- 3.1 保护环境　以步代车 104
- 3.2 电子垃圾危害巨大 114
- 3.3 不吃野味不放炮　过个"绿色"春节 124

第三单元　补充练习 / 136

第四单元　教育 / Unit 4　Education / 143

热身活动 / Warm-up Activities / 144

对话 / Dialogue / 144

> 4.1　家长忙学校急孩子累　教育切忌拔苗助长 147
> 4.2　外来学生超四分之一　北京教育难承"外源" 158
> 4.3　"实用"成了大学生的生活关键词 165

第四单元　补充练习 / 175

第五单元　就业 / Unit 5　Employment / 183

热身活动 / Warm-up Activities / 184

对话 / Dialogue / 184

> 5.1　就业形势严峻，毕业生求职忙 187
> 5.2　跳槽是钥匙，但不是万能钥匙 198
> 5.3　养活自己永远是第一位的 208

第五单元　补充练习 / 219

录音文本 / Transcript of Audio Clips / 225

练习参考答案 / Key to Language Exercises / 237

生词总表 / Vocabulary List / 268

语言注释索引 / Index to Language Notes / 274

第一单元

网络时代

Unit 1 E-Era

热身活动 Warm-up Activities

结对对话
Paired discussion

1. 网络如何改变了我们的生活？请找出至少5个例子来说明。
   How has the Internet changed our life? List, at least, five examples to demonstrate the change.

	以前不用网络	现在用网络
例如：	以前买东西要去商店	现在可以在网上买东西
(1)		
(2)		
(3)		
(4)		
(5)		

2. 根据下列问卷，采访你的同学。
   Use the following questionnaire to interview your partner.

(1) 你平均每天上网多长时间？	
(2) 你怎么上网？	电话线　宽带　无线　网吧
(3) 你上网做什么？	收发电子邮件　找跟学习有关的材料　看新闻　买东西　玩电脑游戏　听音乐、看录像　下载音乐、录像、电影　下载软件　下载游戏　去聊天室聊天　写博客　做黑客　付账单　交男（女）朋友　其他
(4) 你觉得上网最大的好处是什么？	
(5) 你觉得上网有什么坏处吗？	

第一单元　网络时代

Dialogue　对话

汤姆和劳拉是美国某大学的学生,这个学年他们在北京留学。课间休息的时候,劳拉在校园里遇到了她的汉语辅导张明。

劳拉：张明,你去哪儿?

张明：我去买上网卡。

劳拉：你需要用上网卡上网吗?

张明：对。我们可以去系里的电脑房,但那儿僧多粥少,得排队,也可以去附近的网吧,但里边乱哄哄的。在父母家我倒是用宽带上网,但总不见得为了上网老往父母家跑吧?

劳拉：你不是有手提电脑吗?

张明：对啊,可我租的房子里只能用电话线上网,所以我去买张上网卡,这样上网费用比较低。你怎么上网?

劳拉：留学生宿舍里有宽带。

张明：哇,你们真幸福!你平时上网做什么?

劳拉：主要是收发电子邮件。有时候也在网上跟朋友聊天。

张明：你怎么聊天?通过打字吗?

劳拉：以前打字,现在我安了个摄像头,可以用视频在网上聊天了。这样比打电话更好,不但可以说话,还可以看到对方。你用即时通聊天吗?

张明：常用,不过还没安摄像头,听你这么一介绍,我周末得去中关村一趟,也去安一个。哎,你们宿舍有宽带,那下载电影电视应该很快吧?

劳拉：我有时候下载音乐,不过没下载过电影和电视。下载一个电影就是用宽带也得花很长时间吧?

张明：那是老皇历了。你听说过BT和电驴吗?这两个软件用的是点对点技术,所以下载速度特别快。

劳拉：什么是点对点技术?

张明：简单来说,你我不必像以前那样都去一个网站下载,我可以去一个网站把电影下载下来,你可以从我这儿下载去你那儿。现在啊,我周末一回家就下载,已经下载了二十多集最火的韩国电视连续剧。这样我不必每天等到晚上九点去看电视剧,而是什么时候想看就看,想看几集就看几集。

劳拉：哦,那等于买了一套DVD碟片。

张明：也可以这么说吧，不过比DVD更灵活更快，你可以只下载你需要看的那几集，而且这里刚放，网上就可以下载了，不用等。你在网上下载音乐是不是免费的？

劳拉：以前是，现在挺强调保护知识产权的，免费网站越来越少。我一般去苹果的iTunes音乐商店，下载一首歌99美分。

张明：中国也越来越重视保护知识产权了，不久免费网站大概也都不存在了。其实我也不在乎收费下载。不过人的心理就是这样，如果有两个网站提供同样的服务，一个免费，一个收费，多数人往往选择免费的。

劳拉：对，从免费到收费总有一个过程。哎，我告诉过你了吧？我开了一个博客，把在中国拍的照片和我的感受都贴在上边。昨天晚上我又贴了新的，顺便看了一下，已经有三百多人访问了我的博客。

张明：我也是你的读者之一。现在你成了网上作家了。

劳拉：作家是谈不上，不过博客真不错，不管你是有名的作家还是普通人，都可以平等自由地发表自己的意见。

张明：你说得对。网络让我们可以快速交流，还可以快速得到信息。现在简直不能想象生活中没有网络。哟，对不起，我得赶紧去买卡，待会儿还要去上课。

劳拉：好，再见。

生词表 Vocabulary List

1	僧多粥少	sēngduōzhōushǎo	固*	not enough to go around
2	乱哄哄（亂哄哄）	luànhōnghōng	形	in noisy disorder
3	宽带（寬帶）	kuāndài	名	broadband
4	摄像头（攝像頭）	shèxiàngtóu	名	Webcam
5	视频（視頻）	shìpín	名	video conferencing
6	即时通（即時通）	jíshítōng	名	instant messenger
7	下载（下載）	xiàzǎi	动	download
8	老皇历（老皇曆）	lǎohuánglì	名	calendar of the past, old history, obsolete practice
9	电驴（電驢）	diànlǘ	名	EMule (a software)
10	火	huǒ	形	hot, popular

*"固"表示固定词组。

11	连续剧（連續劇）	liánxùjù	名	TV series, serial radio or television play, soap opera
12	碟片	diépiàn	名	disc
13	灵活（靈活）	línghuó	形	nimble, agile, quick, flexible, elastic
14	强调（強調）	qiángdiào	动	stress, emphasize, underline; emphasis
15	保护（保護）	bǎohù	动	safeguard, protect, protection
16	知识产权（知識產權）	zhīshi chǎnquán		intellectual property
17	在乎	zàihu	动	care about, mind, take to heart
18	选择（選擇）	xuǎnzé	动	choose, opt, select, pick; choice, selection, option
19	过程（過程）	guòchéng	名	course of events, process, procedures
20	博客	bókè	名	Blog, Web Log

Language Notes 语言注释

1 倒是 on the contrary

"倒是"是副词，常用来表示一种不同的意见。

倒是 is an adverb, often used to show a different opinion.

(1) 甲：听说杭州的春天很美。要是我去杭州，就一定要春天去。

　　乙：我倒是不在乎什么时候去，但我得找个朋友跟我一起去。

　　A：I heard Hangzhou is beautiful in the springtime. If I am going to Hangzhou, I will go in the spring.

　　B：I don't particularly care when to go, but I have to go with a friend.

(2) 那家饭店倒是不贵，可是服务不太好。

　　That restaurant is not expensive but its service is not that great.

▶ 用"倒是"完成下列对话。

Use 倒是 to complete the following dialogues.

(1) 甲：听说那个城市的天气不错。

　　乙：＿＿＿＿＿＿＿＿＿＿＿＿＿＿＿，可是生活费用比较高。

(2) 甲：买衣服的时候，你一定要买名牌吗？

乙：＿＿＿＿＿＿＿＿＿＿＿＿＿＿＿，我在乎的是衣服合身不合身。

2 谈不上 not quite

"谈不上"是习惯用语，意思是"不够（资格/标准）"。

谈不上 is an idiomatic expression, with the meaning of "not up to" or "not quite".

(1) 她虽然谈不上是电脑专家，但是很熟悉那个操作系统。

She cannot be considered as a computer expert but knows that operation system very well.

(2) 那座山谈不上是什么名山，可是有些地方的风景非常美丽。

The mountain cannot be said to be a famous mountain, but it is beautiful in some parts.

1.1 中国网民数突破1亿

截至去年底，中国上网用户总数突破了1亿，为1.11亿人，其中宽带上网人数达到6430万人。目前，中国网民数和宽带上网人数均位居世界第二。

国家域名CN注册量首次突破百万，达到109万，成为国内用户注册域名的首选。上网计算机数达到4950万台，网站数达到69.4万个。IP地址总数达到7439万个，仅次于美国和日本，位居世界第三。

根据中国互联网络信息中心（CNNIC）的调查，中国上网情况在城乡、区域分布上存在明显差异：一方面，城乡之间网民数量及网民普及率差异巨大。中国城市网民大约有9168.6万人，城市网民普及率为16.9%；而同期乡村网民1931.4万人，网民普及率仅为2.6%。乡村网民数量只是城市网民数量的1/5，普及

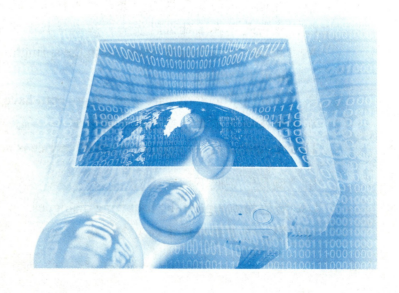

率仅是城市网民普及率的1/6。另一方面,东部和中、西部发展差异较大。东部网民数占全国网民数的57.8%,超过了中部和西部网民数的总和。

在互联网使用方面,数据统计表明,18.2%的网民使用笔记本电脑上网,同比增长800多万人;网民平均每周上网15.9个小时,同比增加2.7小时,增幅为20.5%。报告首次统计了网民上网费用,结果显示2005年全国上网费用总规模已经超过1000亿元。

(根据《人民网》2006年1月17日的文章改写)

Vocabulary List 生词表

1	突破	tūpò	动	break through, make a breakthrough, break (limit)
2	截至	jiézhì	动	by (a specified time), up to
3	用户	yònghù	名	user, consumer, end-user, purchaser
4	均	jūn	副	without exception, all
5	位居	wèijū	动	locate at, stand
6	域名	yùmíng	名	domain name
7	注册(註册)	zhùcè	动	register, enroll formally in an organization, institute, or school
8	首次	shǒucì	名	for the first time
9	首选(首選)	shǒuxuǎn	名	first choice
10	次于(次於)	cìyú	动	second, next; sub-standard, inferior quality, order, ranking
11	互联网(互聯網)	hùliánwǎng	名	Internet
12	信息	xìnxī	名	information, news, message
13	调查(調查)	diàochá	动,名	investigate, survey, investigation, inquiry
14	区域(區域)	qūyù	名	region, zone, district, area, limit, scope, range

15	明显（明顯）	míngxiǎn	形	clear, obvious, evident, distinct
16	差异（差異）	chāyì	名	difference, discrepancy, diversity, divergence
17	普及率	pǔjílǜ	名	popularization rate, prevalent rate
18	巨大	jùdà	形	(of scale, amount) huge, tremendous, enormous, gigantic
19	总和（總和）	zǒnghé	名	sum, total, sum total
20	数据（數據）	shùjù	名	data
21	统计（統計）	tǒngjì	动，名	statistics, census, add up, count
22	表明	biǎomíng	动	make known, make clear, state clearly, indicate
23	增幅	zēngfú	名	increased range
24	规模（規模）	guīmó	名	scale, scope, extent

语言注释 Language Notes

1 截至 up to

"截至"是书面语，意思是"到……为止"。
截至 is a written Chinese expression, with the meaning of "up till..." or "by the end of...".

(1) 截至上月底，来华旅游人数超过了一百万。
    The number of tourists to China exceeded 1 million by the end of last month.

(2) 截至去年底，那个区域新建了5条公路。
    By the end of last year, five new highways were built in that region.

▶ 完成下列句子。
Complete the following sentences.

(1) 截至上个月底，_____。

(2) 截至今年第一季度，_____。

2 为 be

在书面语中，"为"可以用作动词，意思是"是"。
In written Chinese, 为 can be used as a verb and has the meaning of "to be".

(1) 截至去年底，中国上网用户总数为1.11亿人。
By the end of last year, the number of Internet users in China was 111 million.

(2) 乡村网民普及率为2.6%。
The percentage of Internet users in the rural population was 2.6%.

▶ 用"为"改写下列句子。
Use 为 to rewrite the following sentences.

(1) 去年来苏州旅游的人数是100万人。
_____

(2) 多数外国学生来华留学的目的是学习汉语。
_____

3 均 all

在书面语中，"均"可以用作副词，意思是"都"。
In written Chinese, 均 can be used as an adverb and has the meaning of "all".

(1) 目前，中国网民数和宽带上网人数均位居世界第二。
Currently, China ranks at the world's second place in terms of Internet and broadband users.

(2) 今年头三个月的进出口增幅均超过了去年同期。
Both import and export for the first three months of this year increased more than the same period of last year.

4 首 first

"首"的意思是"第一"。
首 has the meaning of "first".

首次	第一次
首选	第一选择
首先	第一

5 仅 only

"仅"是副词，意思是"只"、"只有"，常用在书面语中。
仅 is an adverb, with the meaning of "only". It is often used in written Chinese.

(1) 这家公司仅成立了一年，销售额就达到了1000万美元。
The company has only been established for a year, but its sales have already reached 10 million dollars.

(2) 乡村的网民普及率仅为2.6%，还有巨大的发展空间。
The percentage of Internet users in the rural population is only 2.6%, which indicates a huge growth potential.

▶ 把"仅"插入下列句子中。

Insert 仅 into the following sentences.

(1) 坐火车去云南旅游费用比较低，七天六夜的费用是3000元。

(2) 原来预计有100人左右来参加会议，可实际上，来参加会议的有30多人。

(3) 你了解了一个国家的地理是不够的，还应该了解那个国家的历史。

(4) 通信技术发展很快，现在用手机的人大大多于用座机的。比如说，在我们这个小区，用座机的家庭有30%左右。

6 次于（形容词＋于）lower than

"次于"的意思是"比……低"。在书面语中，可以在一个形容词后面加上介词"于"，来表示比较。

次于 has the meaning of "lower than". In written Chinese, preposition 于 can be added after an adjective to make a comparison.

(1) 城市网民数量高于乡村网民数量。

The number of Internet users is higher in the cities than in the countryside.

(2) 今年的经济发展速度快于往年的。

This year's economic development is faster than the previous years.

▶ 请用口语说出下列句子的意思。

Paraphrase the following sentences, using colloquial expressions.

(1) 你认为学电机难于学化学吗？

(2) 在一些发达国家，人口的出生率已经小于人口的死亡率。

(3) 近年来，日本的经济增长率慢于其他东南亚国家。

(4) 一般来说，城市居民的生活费高于农村居民的。

7 而 in contrast

在书面语中，"而"可以用作连词，来比较两种不同的情况。

In written Chinese, 而 can be used as a conjunction to list two different situations.

(1) 城市网民普及率为16.9%，而乡村网民普及率仅为2.6%。

The percentage of Internet users in the urban population was 16.9%. In contrast, the percentage of Internet users in the rural population was only 2.6%.

(2) 他喜欢上网聊天，而我还是喜欢电话聊天。

He likes to chat online, whereas I still like to chat on the phone.

第一单元　网络时代

8 同比 compare to the same period in the past

"同比"是书面语，意思是"和以前相同时期相比"。

同比 is a written Chinese expression, with the meaning of "comparing to the same period in the past".

(1) 今年6月的降雨量为10厘米，同比减少了10%。

　　The rainfall of this June was 10 centimeters, which was a 10% decrease from the same period of last year.

(2) 11月的笔记本电脑销售量达到了人民币50万元，同比增加了10万元。

　　The sales of notebook computers reached RMB￥500,000 in November, which was an increase of RMB￥100,000 from the same period of the previous year.

▶ 请用所提供的生词改写下列句子：

Rewrite the following sentences by using the written Chinese expressions in the bracket:

(1) 到2005年底，中国网民总数突破了1亿。（截至）

　　_____

(2) 中国网民总数和宽带上网人数都快速增加。（均）

　　_____

(3) 城乡之间网民普及率差异巨大，城市是16.9%，相比之下，农村是2.6%。（为，而）

　　_____

(4) 国家域名CN的注册量第一次超过了百万。（首次）

　　_____

(5) 中国的网民总数居世界第二位，比美国低。（次于）

　　_____

(6) 中国网民平均每星期上网15.9小时，比去年同时期增加了2.7小时。（同比）

　　_____

11

语言练习 Language Practice

一、词语练习 (Vocabulary Practice)

1. 请找出8个与网络有关的词。
   Please find 8 words that are related to the Internet.

   _____   _____   _____   _____

   _____   _____   _____   _____

2. 把左栏和右栏的词配对,组成一个有逻辑的词组。
   Match the words in the left and right columns to make a logical phrase.

   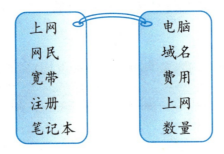

3. 用汉语说一说下列词语的意思。
   Paraphrase the following words in Chinese.

   (1) 网民　　　　(2) 突破　　　　(3) 区域分布　　　　(4) 差异

   (5) 普及率　　　(6) 总和　　　　(7) 同比　　　　　　(8) 增幅

4. 请用汉语练习下列数字。
   Please practice how to say the following numbers in Chinese.

   (1) 500,000　　　　(2) 35,000　　　　　　(3) 2.4 million　　(4) 12 billion
   (5) 245,000,000　　(6) 23,000,000,000　　(7) 35%　　　　　　(8) 15.7%
   (9) 66.02%　　　　(10) 99.9%　　　　　　(11) 11.3%　　　　(12) 1/5
   (13) 3/7　　　　　(14) 5/12　　　　　　　(15) 1/6　　　　　(16) 3/8

二、阅读理解 (Reading Comprehension)

1. 文章中有一些书面语,请根据上下文,理解这些词语的意思。
   There are some written expressions in the text. Please determine the meaning from the context.

(1) <u>截至</u> 2005 年 12 月 31 日，中国<u>上网</u>用户总数突破了 1 亿，为 1.11 亿人。

  a. 自从……以来   b. 到……为止

(2) 截至 2005 年 12 月 31 日，中国上网用户总数突破了 1 亿，<u>为</u> 1.11 亿人。

  a. 因为   b. 是

(3) 目前，中国网民数和宽带上网人数<u>均</u>位居世界第二。

  a. 都   b. 平均

(4) 国家域名 CN 注册量<u>首次</u>突破百万，达到 109 万。

  a. 这次   b. 第一次

(5) 国家域名 CN 成为国内用户注册域名的<u>首选</u>。

  a. 第一选择   b. 首先

(6) 中国的 IP 地址总数达到 7439 万个，<u>仅次于</u>美国和日本，位居世界第三。

  a. 只比（美国和日本）少   b. 于是

(7) 城市网民普及率为 16.9%；<u>而</u>同期乡村网民普及率仅为 2.6%。

  a. 而且   b. 相比之下

(8) 乡村网民普及率<u>仅</u>是城市网民普及率的 1/6。

  a. 只有   b. 不仅

2. 根据课文内容回答问题。

  Answer the following questions.

  (1) 到去年底，中国的网民数量是多少？在世界上排第几位？

  (2) 中国到去年底，有多少人用宽带上网？

  (3) 中国有多少用户用国家域名 CN 注册？

  (4) 中国城市网民人数是多少？城市网民普及率是多少？

  (5) 中国乡村网民人数是多少？乡村网民普及率是多少？

  (6) 乡村网民的数量占城市网民数量的几分之几？

  (7) 用笔记本电脑上网的网民比例是多少？

(8) 与前一年相比，中国的网民增加了多少人？
_____

(9) 网民平均每周上网多少时间？
_____

(10) 2005年全国上网费用的总和是多少？
_____

3. 请用阿拉伯数字把句中的数字写出来，并把句子翻译成英文。
   Please write out the following numbers, and translate the sentences into English.

> 例如：目前有34万家注册的网上公司。
> Now there are 340,000 registered online companies.

(1) 这个城市的网民数达到了50万。
_____

(2) 乡村用宽带上网的人数突破了15万。
_____

(3) 截至三月底，上网费用同比增加了百分之十。
_____

(4) 网民人数增加了300万。
_____

(5) 那个地区的网民人数总和是4500万。
_____

(6) 到去年底，中国的网民人数总和为1亿1000万。
_____

(7) 中国人口总数已经超过了13亿。
_____

(8) 在乡村，还有三分之二的人不会用电脑。
_____

(9) 这家公司六分之一的电脑是笔记本电脑。
_____

(10) 目前电脑普及率已经达到了百分之五十五。
_____

三、听力练习 (Listening Practice)

请听录音1-1，并根据录音选择正确答案。

Listen to Audio Clip 1-1. Choose the correct answer based on what you hear.

(请听录音 1-1)

(1) 在欧洲，网民平均上网时间最多的国家是：
  a. 英国   b. 西班牙   c. 法国   d. 意大利

(2) 欧洲网民每周平均上网时间是：
  a. 13小时   b. 10.25小时 c. 11小时   d. 8小时

(3) 欧洲公民使用哪种媒体的平均时间减少了？
  a. 上网时间   b. 看电视的时间
  c. 看报的时间   d. 听广播的时间

四、念一念，说一说，写一写 (Reading, Speaking, and Writing)

(一)

中国网民最喜爱网络聊天

据最近一份市场调查报告，中国互联网用户，是世界上最爱聊天的用户群体。中国用户，对于即时通信软件IM的钟情程度，也是世界上最高的。分析家指出："到目前为止，中国网民总数已经超过了一亿，而注册的即时通IM账号高达8.286亿个。"

据统计，目前中国互联网用户总数大约是1.23亿人，而平均每个用户拥有的IM即时通信软件账号，则多达6.7个，这个数字在其他国家几乎是不可想象的。分析家认为，造成中国市场IM火爆的原因有许多，最明显的原因是无线运营商收取的高额费用。考虑到网络聊天的低成本，需要和朋友进行远距离沟通的中国用户宁愿使用网络IM。另据统计，目前中国有40%的在线聊天行为完全是出于工作需要，这也标志着IM正在逐渐走入中国企业市场。在所有被调查者中，80%的人表示他们十分喜爱网络语音聊天，而一半以上的用户表示经常进行网络视频聊天。

(根据《赛迪网》2006年9月2日李远的文章改写)

补充生词

1	钟情（鍾情）	zhōngqíng	动	be deeply in love
2	火爆	huǒbào	形	prosperous
3	高额（高額）	gāo'é	形	high
4	沟通（溝通）	gōutōng	动，名	communicate, communication

1. 根据短文（一），判断下列句子是否正确。
   Based on the first article, decide if the following statements are true or false.
   （1）中国互联网用户总数是 8.286 亿个。
   （2）中国网络用户非常钟情即时通讯信件。
   （3）中国每个网络用户都注册了即时通账号。
   （4）中国网民平均通有的即时通账号多达 6.7 个。
   （5）中国网民喜爱上网聊天的主要原因是网络聊天比较便宜。
   （6）有大约 80% 的中国网民上网聊天是出于工作需要。
   （7）80% 的网民十分喜爱网络语音聊天。
   （8）50% 以上的网民经常使用网络视频聊天。

2. 结对会话：说说上网聊天的好处和坏处。
   Paired discussion: list the advantages and disadvantages of chatting online.

   好处：_____
   坏处：_____

（二）

北京网瘾者比例全国第二　　青少年网瘾比例为 13.2%

昨天，中国青少年网络协会在北京发布了《中国青少年网瘾数据报告》，这是我国首次正式发布的有关青少年网瘾问题的调查报告。报告显示，中国青少年网瘾比例已经达到 13.2%，北京地区以 23.5% 的比例位居第二位。

报告显示，目前我国青少年网瘾比例达 13.2%，另有 13% 的青少年存在着网瘾倾向。其中，男性青少年网瘾比例为 17.07%，高于女性青少年网瘾比例 10.04%。报告同时显示，初中生、失业或无固定职业者和职业高中生等群体比例较高，其中初中生的网瘾比例达到了 23.2%。而在各年龄阶段的网瘾比例中，最高的是 13—17 岁的青少年人群，网瘾比例达到了 17.10%。随着年龄的增长，网瘾的比例逐渐降低。调查还表明，网瘾群体上网目的以玩网络游戏为主。

从网瘾群体的区域分布分析，其比例高低与地理位置和经济发展水平无明显关系，但在具体城市中差别较大。北京的网瘾比例高达 23.5%，仅次于云南的 27.9%，位居第二，不仅远远高于全国的平均比例，与上海的 8% 相比，更是高得惊人。

同属发达地区的北京和上海两地差异为何如此大？青少年网瘾问题专家陶宏开解释说，网瘾问题在上海已经得到了一定的重视，从而加大了在青少年教育和课外活动方面的投资。

中国青少年网络协会秘书长郝向宏说，我们将以《中国青少年网瘾报告》为基础，邀请国内外专家、学者、家长及网游玩家从不同角度分析网瘾问题，分析网瘾原因，并提出对策和建议。

（根据《北京娱乐信报》2005年11月23日的文章改写）

补充生词

1	网瘾（網癮）	wǎngyǐn	名	Internet addiction
2	网络（網絡）	wǎngluò	名	network
3	倾向（傾向）	qīngxiàng	动，名	be inclined to, be in favour of, lean towards, tendency, trend
4	游戏（遊戲）	yóuxì	动，名	play, game
5	重视（重視）	zhòngshì	动	attach importance to, think highly of
6	投资（投資）	tóuzī	动，名	invest, investment
7	对策（對策）	duìcè	名	counter measure / solutions (for dealing with a situation)

▶ 根据短文（二），把信息填入下表，然后结对会话，总结一下中国青少年网瘾的问题。
Find related information from the above article and fill out the following table. After you have found all the information, work in pairs to summarize the Internet addiction problem for Chinese teenagers.

全国青少年网瘾的比例	
全国存在网瘾倾向的青少年比例	
男性青少年网瘾比例	
女性青少年网瘾比例	
网瘾群体	
初中生网瘾比例	
网瘾比例最高的年龄段	
网瘾群体在网上的主要活动	
中国网瘾比例最高的地区	
中国网瘾比例第二高的地区	
上海网瘾比例	
上海解决网瘾问题的方法	

（三）

你有下列网瘾症状吗？

* 半夜3点起床上厕所顺便查看一下E-mail；
* 见到带下画线的文字都想用鼠标去点一下；
* 为了能免费上网，你愿意在大学里多混几年；
* 在打英文字的时候都会习惯性地在句子最后打上.com；
* 每当等待下载软件时你才会去上厕所；
* 自我介绍时总会说我是"×××@chatroom.com"。

（根据《新华网》2005年7月20日欣之、硕人的文章改写）

补充生词

| 鼠标（鼠標） | shǔbiāo | 名 | mouse (computer) |

1. 结对回答文章里的问题，然后谈一谈其他网瘾现象，并把这些现象记录在以下的空格里。
Work in pairs. Answer the questions in the article and discuss other symptoms of web-addiction. You may list the other symptoms in the space provided below.

其他网瘾现象：
_____
_____

2. 请找一篇有关网瘾问题的文章，然后在班里做一个两分钟的讲演，说一说网瘾给个人、家庭或社会带来的不良影响。你可以用下列表格帮助组织你的讲演。
Look for an article on web-addiction. After you have read the article, prepare a two-minute speech. Present your speech in class, focusing on the negative impact of web-addiction on individuals, families, and/or communities. You may use the following table to organize your speech.

网瘾的问题	
（举几个例子，可以是数字，或小故事）	
给个人带来的不良影响	
（如健康、经济、生活、学习、工作……）	

给家庭带来的不良影响 （如家人之间的沟通、照顾……）	
给社会带来的不良影响 （如反社会倾向、心理健康问题……）	

（四）

一个以网为生的普通女孩

　　我和男朋友开网店并不是仅仅为了赚点小零用钱，有则来，没则算。既然做了这个，我就一定要做好。从开店至今的几个月里，我亲自去厂家谈业务，拿货，拍照，做图片，编辑商品介绍，发货，查货，所有的一切都是我一个人学着做。很多时候一些买家急着要货，我连吃饭的时间都没有，背着一大袋东西送到他们家。

　　我真的很感谢淘宝网，可以说淘宝网现在就是我的家。每次淘宝网出现一点问题我都会担心得要命。比如网速慢了，我担心会少了很多积极购买商品的人。因为我生活的收入全部来自淘宝网。每天同一时间上网、下网，已经变成我的一种生活习惯。可能有人觉得开网店很舒服，可以天天在家，但是对我来说一年只有3天的假日，就是春节的那3天。

　　现在网上都是我来负责，包括做图，上传商品，接单，填包裹。我的男朋友负责提货，理货，做盘货记录，根据包裹单装货，去邮局发货。我们公布在网上的营业时间是11：00—24：00。我每天早上10点起床，11点就上线了。说是24点下线，每天都是凌晨一两点才下线，因为常常有生意。下线后还要写包裹单装货，到四五点才睡觉。因为晚上上网的人比较多，所以我们的作息时间都被打乱了。

　　对于将来，我其实一点计划都没，走一步算一步。我就想好好赚钱存钱，将来有了钱，买个郊区的一居室也好。

（根据《电子商务指南》网站的文章改写）

补充生词

1	编辑（編輯）	biānjí	动，名	edit, compile, editor, compiler
2	盘货（盤貨）	pánhuò	动	make an inventory of stock on hand
3	凌晨	língchén	名	before dawn, early in the morning

1. 根据课文内容回答问题。
   Answer the following questions.

   (1) 要开一个网店，需要做哪些事情？

   (2) 这个女孩通过什么网站开网店？

   (3) 这个女孩开网店辛苦吗？请举两个例子说明。

   (4) 女孩和她的男朋友怎么分工负责网店的业务？

   (5) 开网店对女孩的作息时间有什么影响？

2. 你收到了中国朋友王明明的电子邮件，请根据你从下文得到的信息，给他写一封回信，谈一谈开网店可能会遇到的挑战。

   You received an email from your Chinese friend, Wang Mingming. Please write a reply to him about the challenges of running an online store, drawing on the information you have got from the passage below.

   你好！
   　　一转眼，我从大学毕业已经三个月了。父母和朋友见了我就问，找工作找得怎么样了。可见他们都希望我早日找到一份稳定的工作。事实上，我也确实给几家公司发了申请信，并且有过面试的机会，可是最后不是公司觉得我的工作经验还不够，就是我对公司的工作条件不够满意，所以至今还没找到合适的工作。
   　　最近几天，我在想，我为什么要去公司上班呢？为什么要每天一大早起床，急急忙忙地挤地铁，然后八个小时坐在办公室里呢？这样的生活其实并不适合我。我喜欢晚睡晚起，自由自在，不喜欢听别人指挥。这么一想，我突然有了个好主意。我可以在家做网店啊。至于卖什么商品，我也想过了，我们家书挺多的，我又喜欢买书看书，这样我看过了的书，可以在网上卖掉。你明白我的意思吗？我可以在网上卖旧书！开网店对我来说比去公司上班更好，我随便什么时候起床都可以，而且可以一边上网玩玩游戏，跟朋友聊聊天，一边卖卖书。这比在公司工作强多了。你觉得我这个主意怎么样？呵呵。
   　　等你的回信。

   　　　　　　　　　　　　　　　　　　　　　　　　　　　　　　明明

你的回信：

1.2 中国的"博客革命"

目前中国正在发生着一场"博客革命",虽然这场"革命"集中在大城市,同中国的人口总数相比,涉及的人数并不多,但它对中国社会的发展正在产生深刻的影响。

博客是根据英语Blog翻译而来,意为"网络日记"或"写网络日记的人"。随着因特网在中国的发展,"博客"成了网上最热闹的角落。

在北京外国语大学教课的波斯科先生,两年前是一家美国报纸驻北京的记者,他的"博客"叫"大弓页",主要对美国的新闻和时事进行评论。他认为相比13亿人口而言,中国的"博客"并不多,但"博客"大多是知识分子,他们对中国社会有着广泛的影响力。

在美国,"博客"多半是新闻评论和个人的政治观点。而在中国,写"博客"的主要是大学生和相关行业人士,大家一般都对自己生活中的细节津津乐道,或是讨论一些技术问题。

上海的王建硕(音译)先生的"博客"是中国浏览率最高的"博客"之一,这个"博客"里记的大多是上海的变迁和个人旅行的感想。王先生说因为"博客",他的生活变得亲切而真实了,因为他每天不得不逼着自己去留心生活的细节。

还有相当大一部分的"博客"是城市女性。相对农村女性而言,她们更加开放前卫。同时,她们更愿意把"博客"写作看成是自己自由生活的一种延伸。

目前,中国约有四五百万的"博客"用户,在网上写日记已经成为很多人的习惯。"博客"正在逐渐走入人们的生活。

(根据《法制晚报》2005年6月14日的文章改写)

Vocabulary List 生词表

1	革命	gémìng	动，形	revolution, revolutionary
2	涉及	shèjí	动	involve, entangle, cover, relate to, touch upon (a topic)
3	深刻	shēnkè	形	deep, profound
4	角落	jiǎoluò	名	corner, nook, remote place
5	驻（駐）	zhù	动	(of troops or personnel) be stationed
6	时事（時事）	shíshì	名	current events, current affairs
7	评论（評論）	pínglùn	动，名	comment on, discuss, criticize or talk about, comment, commentary
8	知识分子（知識分子）	zhīshifēnzǐ	名	intellectual, intelligentsia
9	广泛（廣泛）	guǎngfàn	形	universal, extensive, broad, widespread, comprehensive
10	观点（觀點）	guāndiǎn	名	point of view, viewpoint
11	行业（行業）	hángyè	名	trade, profession, industry, business
12	人士	rénshì	名	personage, person with certain social influence
13	细节（細節）	xìjié	名	details, specifics, particulars
14	津津乐道（津津樂道）	jīnjīnlèdào	固	take delight in talking about sth., dwell upon with great relish
15	浏览（瀏覽）	liúlǎn	动	skim through, browse, scanning
16	变迁（變遷）	biànqiān	动	change
17	逼	bī	动	press on towards, compel, force, drive, press for
18	开放（開放）	kāifàng	动，形	open, open-minded
19	前卫（前衛）	qiánwèi	名，形	vanguard, cutting-edge, progressive, forward-looking
20	延伸	yánshēn	动	extend, stretch

语言注释 Language Notes

1 同……相比 compare to

"同……相比"常用在句首，来表示比较。也可以写作"跟……相比"、"和……相比"、"与……相比"。

同……相比 is often used at the beginning of a sentence to make a comparison. It also takes the forms of 跟……相比, 和……相比, or 与……相比.

(1) 同中国的人口相比，在中国写网络日记的人数并不多。
   Comparing to the Chinese population, not too many Chinese are writing web-logs.

(2) 同农村女性相比，城市女性往往更开放更前卫。
   Comparing to women in the rural areas, urban women are usually more open-minded and more forward thinking.

▶ 完成下列句子。
   Complete the following sentences.

   (1) 同发达国家相比，_____。
   (2) 同年轻人相比，_____。
   (3) 同苹果电脑相比，_____。
   (4) 同20世纪90年代相比，_____。

2 随着 along with, following

"随着"是一个介词短语，常用在句首，为后面的句子提供背景条件。

随着 is a prepositional phrase, which is often placed at the beginning of a sentence, to establish the context for the sentence afterwards. It has the meaning of "along with..." or "following...".

(1) 随着因特网在中国的发展，"博客"成了网上最热闹的角落。
   With the development of Internet in China, "BLOG" has become very popular.

(2) 随着中国经济的快速发展，人民的生活改善了。
   Along with China's rapid economic development, people's life has been improved.

▶ 用"随着"把以下每组两个句子改写成一个句子。
   Combine the sentences into one by using 随着.

   (1) 人们对网络越来越熟悉了。在网上买东西的人越来越多。

（2）通信技术发展很快。手机用户不断增加。

___

3 对……进行 a stylistic variation of Verb + Object construction

为了达到写作风格的多样化，"对……进行"常用在书面语中。可以用"主语 + 对 + 宾语 + 进行 + 名词"来代替"主谓宾"结构。

对……进行 is usually used in written Chinese for stylistic variance. Instead of using the "Subject + Verb + Object" format, you can use "Subject + 对 + Object + 进行 + Noun phrase".

(1) 中国对高教制度进行了改革。（中国改革了高教制度。）
China has reformed its higher education system.

(2) 她们对世界新闻进行了评论。（她们评论了世界新闻。）
They commented on world news.

▶ 请用"对……进行"改写下列句子。
Please use 对……进行 to rewrite the following sentences.

(1) 昨天我们讨论了教育和就业的关系。

___

(2) 这篇文章分析了博客现象。

___

4 相对……而言 compare to

"相对……而言"常用在句首，来表示比较。意思跟"同……相比"相似，但是"相对……而言"一般用在书面语中。

相对……而言 is often used at the beginning of a sentence to make a comparison. It has the same meaning as 同……相比, but 相对……而言 is usually used in written Chinese.

(1) 相对美国博客而言，中国博客更喜欢讨论技术问题。
Comparing to Web loggers in the US, Chinese Web loggers prefer technology issues.

(2) 相对城市网民率而言，乡村网民率仍很低。
Comparing to the percentage of Internet users in the urban population, the percentage in the rural population is still low.

▶ 用"相对……而言"改写下列句子。
Rewrite the following sentences by using 相对……而言.

(1) 跟用电话线上网相比，宽带快多了。

___

(2) 同网吧相比,学校的电脑房又大又干净。

(3) 把年轻人和中年人比较一下,你就会发现年轻人更喜欢上网看书。

(4) 一般来说,乡村的女性比城市的女性传统。

5 而 and; in contrast

"而"是连词,常出现在书面语中,"而"有多种意思,根据上下文而定。
而 is a conjunction and is often used in written Chinese. Its meaning is determined by the context.

- 连接两个平行的词语或句子 (and)

  (1) 因为博客,王先生的生活变得亲切而真实了。
  Because of Blog, Mr. Wang's life has become warm and realistic.

  (2) 这座旧大楼的楼道狭窄而破旧。
  The corridor of this old building is narrow and shabby.

- 比较两种不同的情况 (in contrast, in comparison, whereas)

  (1) 中国城市的女性比较开放,而农村的女性比较传统。
  Chinese women in the urban areas are more liberal, whereas women in the rural areas are more traditional.

  (2) 在中国,几乎人人都用手机,而用电脑打电话的人却不多。
  In China, almost everyone uses a cell phone. In contrast, not too many use a web phone.

语言练习 Language Practice

一、词语练习 (Vocabulary Practice)

1. 以下每组词汇在意义上都有所联系,但是有一个词是例外,请找出那个例外的词。
   The words in each group are related in meaning, except one. Please find which one does not belong to the group.

   (1) 博客　　　行业　　　因特网　　　网络日记
   (2) 前卫　　　延伸　　　开放　　　　自由
   (3) 新闻　　　时事　　　评论　　　　影响
   (4) 浏览　　　因特网　　网上　　　　热闹
   (5) 观点　　　行业人士　用户　　　　知识分子

2. 下面哪些词跟网络有关？

Which of the following words are related to the Internet?

因特网　　行业人士　　博客　　电脑用户　　浏览网页　　网上日记

二、阅读练习 (Reading Comprehension)

1. 请总结一下，在中国写"博客"的多半是哪些人？

   Please summarize who writes web-log in China?

   中国写博客的人：

2. 在美国和中国，博客的主要内容是什么？

   What is the main content of web-log in the US and in China?

美　国	中　国

3. 根据课文内容选择正确的回答。

   Choose correct answers in accordance with the text.

   （1）中国的"博客革命"之所以称为革命，是因为：

   　　a. 写网上日记的人数很多。

   　　b. 写网上日记很热闹。

   　　c. 网上日记深刻影响了中国社会。

   （2）随着因特网在中国的发展：

   　　a. 关心"博客"的人越来越多。

   　　b. Blog 被翻译成了"博客"。

   　　c. "大弓页"评论美国的新闻和时事。

   （3）在网上写日记的人：

   　　a. 大部分是美国记者。

27

b. 大部分是知识分子。

c. 大部分是女性。

(4) 中国博客和美国博客的不同在于：

a. 美国博客喜欢评论新闻政治，中国博客喜欢评论时事。

b. 美国博客喜欢讨论技术问题，中国博客喜欢讨论旅游。

c. 美国博客比较关心新闻政治，中国博客比较关心生活细节。

(5) 因为"博客"，王先生：

a. 比以前更关心生活细节。

b. 比以前更喜欢写网上日记。

c. 比以前更亲切，更真实。

(6) 城市女性写"博客"是因为她们：

a. 人数更多。

b. 更喜欢热闹。

c. 更前卫开放。

4. 选择更好的词来描写。

Use a better word for description.

有些词比较一般化，比如"好、大、多"等等。这些词在一般的场合都可以用，但是有时候这些词表达的意思不够精确。你的任务是学会用更生动的词来描写一种情况。请完成下列句子。

Some words are general, such as "good, big, many...". These general words can be used in many situations, but then tend to lack exactness and can be boring. Your task is to learn how to use more descriptive words. Please complete the following sentences.

(1) _____ 是一部深刻的电影。

(2) _____ 是一个热闹的城市。

(3) _____ 让人感到亲切。

(4) _____ 是一个真实的故事。

(5) _____ 是一位开放的政治家。

(6) _____ 是一部前卫的电影。

三、听力练习 (Listening Practice)

请听录音1-2，并根据录音把信息填入下表中。

Listening to Audio Clip 1-2, and fill in the missing information according to the audio clip.

(请听录音 1-2)

By the end of Aug. 2006, the number of web loggers is	
	Close to 7.7 million
The number of registered web loggers is	
	More than 75 million
The number of active Blog readers is	
	Has increased more than 30 times
Estimated number of Blog by the end of 2006 is	

四、念一念，说一说，写一写 (Reading, Speaking, and Writing)

（一）

我眼中的博客是网上沙龙

据说博客的定义是"网上日记"。我以为，不必固守定义。

此物彼用的现象，比比皆是。茶叶一向用来泡茶，但是也可以用来煮茶叶蛋；热水瓶一向用来装开水，但是我做单身汉时也用来煮粥——晚上在热水瓶里放米、放开水，第二天清早就成了一瓶香喷喷的粥。

在我的眼中，博客是网上的沙龙，以文会友，互相交流。

（根据叶永烈BLOG的文章改写）

▶ 根据短文（一）做下列练习。

Based on Article 1, complete the following exercises.

1. 短文（一）主要是关于：

   a. 茶叶的不同用处。

   b. 用热水瓶煮粥。

   c. 博客的定义是"网上日记"。

   d. 博客的作用。

2. 请举一个"此物彼用"的例子。

（二）

博客是"三免"世界

我称博客是"三免"世界：网络公司免费提供网页，作者免费提供作品，读者免费在网上阅读。

在当今物欲横流的时代，这样的"三免"是罕见的，显得那么纯净，免去了铜臭。博客是充满阳光、热情的网络之家。在这里，我们通过键盘交谈，通过屏幕抒情。

在博客网络上，没有地域之分，没有国界区别。平等交流，畅所欲言。

（根据叶永烈BLOG的文章改写）

▶ **根据短文（二）回答问题。**

Answer the following questions based on article 1.

1. 你觉得作者对博客的态度是正面的还是负面的？_____

_____

2. 下面这些词语哪些是褒义的？哪些是贬义的？哪些是中性的？

| 免费 | 罕见 | 国界区别 | 地域之分 | 物欲横流 | 纯净 |
| 铜臭 | 充满阳光 | 平等 | 畅所欲言 | 热情 | |

褒义：_____

贬义：_____

中性：_____

3. 请找出作者喜欢博客的三个原因：

(1) _____

(2) _____

(3) _____

（三）

博客成为一种文化

博客经过近两年的发展已经演化成一种文化，不仅能造星，还是一种让大众平等表达的通道。但中国到底有多少个博客站点此前还没有精确统计。截止到2005年11月底，在中文互联网领域，博客站点（Blog）达到了3682万。这个数字不仅说明博客的普及程度，其增长更能反映出博客商业开发的价值。

（根据《北京娱乐信报》2005年12月20日的文章改写）

补充生词

| 精确（精確） | jīngquè | 形 | accurate, exact, precise |

▶ 小组讨论

Group discussion

你们同意下列观点吗？请用例子支持你的观点。

Do you agree with the following statements? Please use examples to support your own opinion.

观点一：博客已经发展成了一种文化。

观点二：博客能够创造明星。

观点三：不管是明星还是平民，博客能让大家平等表达自己的意见。

观点四：博客给商业公司提供了赚钱的机会。

观点五：博客让每个人都有机会把历史记录下来，而不是依靠个别历史学家把历史记录下来。

（四）

新浪网举办首届中国博客大赛

为了"关注博客、关注网络新生活"，新浪举行了首届中国博客大赛，大赛的颁奖典礼12月15日在北京举行。

这次大赛，为广大网民提供了一个高水准的展示个性魅力的舞台，同时也推动中国的博客文化步入一个更为主流、更为健康、更为全民参与的新时代。在近一个月的大赛期内，新浪注册用户增至100万，报名参赛人数达到9567人，日发"博客"数在3万到4万之间，在网民中掀起了一场空前的博客热潮。

新浪网总编辑陈彤说："博客真正吸引人的地方在于，它真正实现了平等互动，是每一位网友的自由王国。我们举办博客大赛的目的就是要推广博客文化。我们希望能让每一个热爱写作，热爱生活，热爱博客的人，都能够轻松体验到BLOG的快乐。"

（根据《新浪科技》2005年12月15日的文章改写）

补充生词

1	首届	shǒujiè	名	first session
2	魅力	mèilì	名	charm, fascination, glamour, captivation, enchantment
3	掀起	xiānqǐ	动	raise, surge, cause to surge, set off (a movement, campaign, etc.)
4	热潮（熱潮）	rècháo	名	upsurge, mass enthusiasm, great mass fever

1. 根据短文（四）完成句子。
   Complete the following sentences based on Article 4.

   （1）为了 _____，新浪网举行了首届中国博客大赛。

   （2）大赛不仅为网民提供了 _____，而且推动了中国的博客文化进入一个 _____ 的新时代。

   （3）在大赛期内，在网民中掀起了 _____ 的热潮。

   （4）博客吸引人的地方在于 _____。

   （5）博客实现了 _____，是每个网友的自由王国。

   （6）我们希望大家能够体验到 _____。

2. 请写一篇150-200字的作文，谈一下博客给我们的生活带来的变化。如果你写博客，可以谈谈你自己的经历和感受，如果你不写博客，可以谈谈阅读博客的感受。在你的作文中，请尽量使用下列词组。

   Write a 150-200-word composition, commenting on the change that Blog has brought to our life. If you write a web log, you may talk about your experience. If you do not write one, you may talk about your experience as a Blog reader. Please try to use the following phrases in your composition.

   > 为了　　为……提供了……（舞台、机会）
   > 吸引人的地方在于……　　体验到……的快乐　　不仅……还/更……
   > 相对……而言　　因为……而……

1.3　网络时代：BT改变了生活

他刚进家门便激活了计算机，打开浏览器，搜寻新发布的BT种子。最后决定下载几部电影和几张唱片。若是从前，这样的下载可能花上数日，但他使用的是BT。过了两三个小时，就能坐下慢慢欣赏下载的电影，并把下载的新歌转到iPod上。他是全球4,500万BT使用者之一。

2002年，计算机程序员布莱姆·科恩（Bram Cohen）设计出崭新的点对点传输程序BitTorrent（BT）。在短短几年内，这个小小的免费软件的用户从零急速上升到4,500万。布莱姆最初只想制造一个有趣而又对人类有所贡献的软件，没想到BT竟然大大改变了信息传递和人们消费娱乐的模式。

对BT用户来说，BT提供了一个全球一体，平等共享的数据库。BT在传输技术上完全改变了传统网络的传送障碍——愈多人同时存取同一档案，传输速度愈慢。但对于BT用户，文件愈受欢迎，下载者愈多，下载速度就愈快。

愈多人参与分享和下载，除了增加文件传送速度，还增加了选择种类。在BT用户的下载清单中，从最新的中西电影，到经典的粤语长片；从当红歌手的新歌，到网上玩家的自创作品；从内地、香港和日韩的电视连续剧，到计算机软件和游戏等等，各适其适，一应俱全。

有了BT，人们大大减少购买DVD和CD，也不再定时收看电视节目。对他们而言，几乎所有受欢迎的电视节目都可从BT下载，而且没有讨厌的广告，还可以随时观看，或只观看最精彩的部分。至于港台日韩的电视节目，那边刚播完，这里立即可以下载。不用等待本地电视台购入再播。外国杂志声称BT把互联网变成世界最大的录像机，用户对节目的选择、编排和观赏习惯日趋个人化。

暂且不论BT在知识产权方面的法律问题，BT的出现是网络技术上革命性的突破，把信息传输推向了新纪元。

（根据《文汇报》2005年12月31日的文章改写）

生词表 Vocabulary List

1	激活	jīhuó	动	activate
2	浏览器（瀏覽器）	liúlǎnqì	名	Internet browser
3	搜寻（搜尋）	sōuxún	动	search for, look for
4	种子（種子）	zhǒngzi	名	seed
5	传输（傳輸）	chuánshū	动	transmit, transfer, transmission
6	程序	chéngxù	名	procedure, sequence, order, program
7	贡献（貢獻）	gòngxiàn	动，名	contribute, dedicate, devote, contribution
8	竟然	jìngrán	副	unexpectedly, to one's surprise
9	传递（傳遞）	chuándì	动	transmit, deliver, transfer
10	消费（消費）	xiāofèi	动，名	consume, consumption, expense
11	模式	móshì	名	model, pattern, schema, design, mode
12	共享	gòngxiǎng	动	enjoy together, share
13	数据库（數據庫）	shùjùkù	名	database
14	障碍	zhàng'ài	动，名	obstacle, obstruction, barrier
15	清单（清單）	qīngdān	名	list of items, checklist, stock list
16	粤语（粵語）	yuèyǔ	名	Cantonese
17	玩家	wánjiā	名	(big) player (of gamble etc.)
18	自创（自創）	zìchuàng	动	invent by oneself
19	一应俱全（一應俱全）	yīyīngjùquán	固	everything needed is there
20	讨厌（討厭）	tǎoyàn	形，动	a pain in the neck, disgusting, nasty, troublesome, dislike, be disgusted with
21	精彩	jīngcǎi	形	brilliant, splendid, wonderful
22	声称（聲稱）	shēngchēng	动	profess, claim, assert, state, proclaim
23	编排（編排）	biānpái	动	to arrange, to lay out, write a play and rehearse

| 24 | 日趋（日趨） | rìqū | 副 | with each passing day, gradually, day by day |
| 25 | 纪元（紀元） | jìyuán | 名 | era |

Language Notes 语言注释

1 便 then

"便"是副词，意思跟"就"相似。根据上下文，可以表达不同的意思，如先后、结果等等。

便 is an adverb, with the same meaning as 就. Based on the context, it can be used to express sequence, consequence, etc..

(1) 她一上网便浏览时事新闻。

As soon as she got online, she browsed the current news.

(2) 只要您注册，便可免费下载两首歌曲。

After you have registered, you will be able to download two songs for free.

▶ 把"便"插入下列句子中。

Insert 便 into the following sentences.

(1) 如果你上网浏览一下，会发现免费下载软件的网站很多。

(2) 每天他有了一些新发现、新感觉，他把这些发现和感觉写成博客，跟其他的网友分享。

(3) 只要有朋友来看她，她非常高兴。

(4) 吃了感冒药以后，她很想睡觉。

2 若是 if

若是用在书面语中，意思是"如果"。

若是 is often used in written Chinese, with the meaning of "if".

(1) 若是您用宽带上网，下载仅需30秒。

If you use the broadband, the downloading only takes 30 seconds.

(2) 若是需要技术咨询，用户可打"技术帮助"热线电话。

If users need technical consultation, they can call the "Tech-Help" hotline.

▶ 用"若是"把以下每组的两个句子改写成一个句子。

Use 若是 to connect the two sentences in each group.

(1) 他遇到了难题。他跟朋友商量怎么解决。

_____

(2) 公司需要不断地研究发展新产品。公司要提高竞争力。

_____

(3) 你可以用宽带上网。你觉得宽带费用不贵吗？

_____

(4) 这对老夫妇不懂英文。他们去英国旅游会有一些困难。

_____

3 数日 several days

"数"的意思是"几"，常用在书面语中。

数 has the same meaning as 几. It is used in written Chinese.

数位　several (people)　　　数年　several years

数名　several (people)　　　数辆　several (vehicles)

4 竟然 unexpectedly, surprisingly

"竟然"是副词，表达"意料之外"的情况。

竟然 is an adverb, with the meaning of "unexpectedly" or "surprisingly".

(1) 这个简单的软件竟然改变了人们的娱乐消费模式。
    This simple software has unexpectedly changed people's entertainment consumption.
(2) 难以想象的是他竟然不知道博客是什么。
    It is hard to imagine that he doesn't know what web log is.

▶ 完成下列句子。
Complete the following sentences.

(1) 这个大学生竟然不会 _____。

(2) 我无法想象这个外交官竟然没有听说过 _____。

(3) 你去北京旅游的时候，竟然没有去 _____ 吗？

(4) 他总是说他没钱，可是竟然 _____。

5 暂且 right now

"暂且"是书面语，意思是"先"、"现在"。

暂且 is a written Chinese expression, with the meaning of "right now".

(1) 为了吸引更多客户，这些网站暂且不会考虑收费下载。

In order to attract more customers, these websites will not charge a fee for downloading right now.

(2) 至于新产品究竟是什么，公司发言人说暂且保密。

The company's speaker says it will keep the new product as a secret for right now.

▶ 用口语说出下列句子的意思。

Paraphrase the following sentence by using colloquial expressions.

相对其他公司而言，该公司近年来的新产品研发费用为2亿人民币。据说，该公司数年来一直在研发有关因特网安全的软件。至于软件何时上市，暂且无人知道。

_____

_____

_____

Language Practice 语言练习

一、词语练习 (Vocabulary Practice)

1. 以下动词常用来描写电脑的使用，请从课文中找出适当的名词，组成动宾词组。

   The following verbs are often used to describe computer use. Please find appropriate nouns from the text to form "verb-object" phrases.

激活	激活电脑，激活计算机
打开	
搜寻	
下载	
分享	
传递	
传输	
存取	
共享	

2. 根据课文的上下文，用汉语说一说下列词组的意思。
   Based on the text, use Chinese to talk about the contextual meaning of the following words.
   (1) 数日　　　　(2) 急速上升　　　(3) 娱乐模式
   (4) 全球一体　　(5) 各适其适　　　(6) 一应俱全
   (7) 当红歌手　　(8) 网上玩家　　　(9) 随时观看
   (10) 日趋个人化

3. 请找出5个跟娱乐有关的词汇。
   Find five words that are related to entertainment.
   _____　_____　_____　_____　_____

二、阅读理解 (Reading Comprehension)

1. 请根据上下文内容理解画线词组的意思。
   Decide the meaning of the underlined words from the context.

   (1) 他<u>刚</u>进家门<u>便</u>激活了计算机。
   　　a. 刚才……就……　　b. 一……就……

   (2) <u>若是</u>从前，这样的下载可能花上数日。
   　　a. 如果是　　　　　　b. 于是

   (3) 在短短几年<u>内</u>，这个小小的免费软件的用户从零急速上升到4,500万。
   　　a. 里　　　　　　　　b. 的时候

   (4) 布莱姆<u>最初</u>只想制造一个有趣而又对人类有所贡献的软件。
   　　a. 初期　　　　　　　b. 开始

   (5) <u>对BT用户而言</u>，几乎所有受欢迎的电视节目都可从BT下载。
   　　a. 对BT用户来说　　　b. 拿BT用户来说

   (6) <u>至于</u>港台日韩的电视节目，那边刚播完，这里立即可以下载。
   　　a. 拿……来说　　　　b. 关于

   (7) 至于港台日韩的电视节目，那边<u>刚</u>播完，这里<u>立即</u>可以下载。
   　　a. 刚……便　　　　　b. 刚才……就

   (8) <u>暂且不论</u>BT在知识产权方面的法律问题，BT的出现是网络技术上革命性的突破。
   　　a. 现在先不讨论　　　b. 而且不管

2. 请根据课文内容判断下列句子是否正确。
   Based on the text, decide if the following statements are true or false.

   (1) BT技术大大缩短了从网络下载文件的时间。

(2) 在2002年，全球已经有4500万BT使用者。

(3) BitTorrent的意思是点对点传播程序。

(4) BT的设计者希望用点对点传播程序改变人们的消费娱乐模式。

(5) 传统网络的传送障碍是下载文件的人愈多，下载的速度就愈慢。

(6) BT的优点是下载文件的人愈多，下载的速度就愈快。

(7) 分享下载文件的人增多以后，当红歌手也成了BT用户。

(8) BT技术的出现可能会影响DVD和CD的销售。

(9) 人们不再定时收看电视节目，因为他们喜欢看网上玩家的自创作品。

(10) BT让用户可以自由选择、编排、欣赏他们喜欢的电视节目。

三、听力练习 (Listening Practice)

请听录音1-3。根据录音选择正确的回答。

Choose the correct answer based on Audio Clip 1-3.

(请听录音 1-3)

(1) 目前在互联网点对点传播中最热门的是什么文件？
　　a. 音乐文件　　　　b. 视频文件　　　　c. 分析报告

(2) 互联网上最流行的传播工具叫什么名字？
　　a. 电驴　　　　　　b. BT　　　　　　　c. 视频传播

(3) BT在哪个地区影响非常大？
　　a. 远东　　　　　　b. 欧洲　　　　　　c. 北美

四、念一念，说一说，写一写 (Reading, Speaking, and Writing)

（一）

免费下载音乐的梅根

梅根像多数15岁的孩子一样：她喜欢音乐和计算机。因此当她接触到文件分享软件，她很快地就在自己的硬盘上汇编出一个拥有一千多首歌曲的个人图书馆。

然而，不像其他15岁孩子的是，梅根被起诉了。唱片公司说她必须为她所下载的每一首歌支付750美元的罚款。结果，包括律师费在内，赔偿金总额可能接近100万美元。

多年来，由于数字盗版使唱片销售下滑，唱片公司正在发起反击。虽然被起诉的人还很少，但罚款数百万美元的威胁，已经让乐迷下载最新歌曲前会再考虑一下。

但是评论家说,唱片公司正引发客户的强烈反对,因为乐迷会因遭受这种对待而感到生气。与其把下载音乐的人视为罪犯,唱片公司不如把他们视为潜在的顾客。不然的话,盗版者只会想出更聪明的办法来下载音乐。

(根据《新浪网》2004年7月29日的文章改写)

补充生词

1	汇编(彙編)	huìbiān	动,名	compile, collect, put together, compilation, collection, assembly
2	起诉(起訴)	qǐsù	动	sue, bring a lawsuit against
3	赔偿金(賠償金)	péichángjīn	名	indemnity
4	盗版(盜版)	dàobǎn	动,名	pirate, pirated edition, pirate version (of software, book, e.g.), piracy, illegal copy
5	视为(視爲)	shìwéi	动	regard as, consider as
6	潜在(潛在)	qiánzài	形	hidden, potential

▶ 1. 根据短文(一)选择正确的答案。

Choose the correct answers based on Article 1.

(1) 梅根的什么行为让她受到唱片公司的起诉?
    a. 她喜欢音乐和计算机。
    b. 她的硬盘上有1000多首歌曲的个人图书馆。
    c. 她用文件分享软件下载了1000多首歌曲。

(2) 唱片公司要求梅根做什么?
    a. 为她下载的每首歌付750美元罚款。
    b. 支付100万美元的罚款。
    c. 赔偿100万美元的律师费。

(3) 唱片公司为什么要起诉下载音乐的人?
    a. 他们怕乐迷受到数字盗版的威胁。
    b. 数字盗版使得唱片销售下滑了。
    c. 他们要发现潜在的顾客。

(4) 唱片公司的起诉可能会带来什么结果?
    a. 盗版者会想出其他方法来下载音乐。
    b. 下载音乐的人都会成为罪犯。
    c. 乐迷会起诉唱片公司。

2. 小组讨论

Group discussion

假设你们是梅根非法下载音乐案的陪审团,请你们决定如何判处梅根。

Suppose you are the jury for Megan's case of illegally downloading music. Come up with a verdict.

(二)

中国的网络音乐市场

目前中国的网民人数已经超过了一亿。历次对网民的调查都表明,在上网的人当中,多数都是通过网络寻求娱乐。而下载音乐和电影又是最常见的娱乐形式。但是,为什么中国的网络音乐市场还只是个空中楼阁呢?这跟保护产权有很大的关系。现在大家对"盗版"唱片比较注意了,可是对于如何治理各种各样的"在线盗版",似乎还没有引起足够的注意。

如果要用一个词来形容目前的网络音乐下载,那就是"无序"。网上提供音乐下载服务的多如牛毛,很多网站都用免费音乐下载来吸引网民,可是这些下载服务几乎都没有得到唱片公司的授权。无论是网站还是普通网民,都把音乐下载当成了免费的公共资源,任意取用,而没有想到要负任何经济责任。所以虽然有巨大的客户资源,但是大家已经习惯了"免费的午餐"。如果真的有一个企业购买了音乐的使用权开展有偿下载业务,而周围有许多非法提供免费下载服务的网站,那么这家企业到哪里去找客户呢?

因为知识产权保护不力而窒息了一个大有可为的市场,但愿这种局面不要持续太久,但愿这样的事情能越来越少。

(根据《中国扫黄打非网》2005年5月27日的文章改写)

补充生词

1	历次(歷次)	lìcì	形	all previous occasions or events, etc.
2	空中楼阁(空中樓閣)	kōngzhōnglóugé	名	castle of cards-plans or hopes that are unlikely to be realized
3	多如牛毛	duōrúniúmáo	固	numerous
4	授权(授權)	shòuquán	动	empower, authorize, license

▶ 短文(二)提到了以下哪些观点?(多选)

Which of the following views are expressed in the second article? Choose all that apply.

a. 大多数中国网民上网是为了寻求娱乐。

b. 下载音乐电影是最常见的娱乐形式。

c. 中国网民不需要网络音乐市场。

d. 中国的网络音乐市场的不景气跟保护知识产权不力有关。

e. 中国已经开始注意盗版唱片的问题。

f. 多数中国人已经注意到在线盗版的问题。

g. 目前网络音乐下载没有秩序。

h. 可以免费下载音乐的网站多如牛毛。

i. 多数中国网民都觉得音乐是免费的公共资源。

j. 大家都习惯了免费午餐，所以没有人愿意负经济责任。

k. 如果有公司要求网民付费下载音乐，这家公司难以在中国找到客户。

l. 加大知识产权的保护可以促进中国网络音乐市场的发展。

（三）

天下没有免费的午餐

网络进入中国十多年了，中国人对网络的认识是从"免费"开始的。人们最早认识的是免费邮箱，随后是免费在线阅读，免费音乐。而近几年里收费邮箱、收费彩铃下载，乃至未来的收费音乐下载的出现，正在悄悄改变人们吃免费午餐的习惯。可以设想，音乐领域的这场变化，将对图书、电影等各类网络产品的传播发生深刻的影响。人们最终会重新体会到"天下没有免费的午餐"这个颠扑不破的真理。

（根据《南方都市报》2005年9月26日的文章改写）

补充生词

颠扑不破（顛撲不破）　diānpūbùpò　固　unbreakable, indisputable, incontestable

结对讨论

Paired discussion

1. 哪些是常见的免费网上服务？请把这些服务写在下面的空格里。

What are some of the most common "free" services online? Please list them in the space provided below.

网上免费服务：

(1) _____

(2) _____

(3) _____

(4) _____

(5) _____
(6) _____
(7) _____
(8) _____
(9) _____
(10) _____

2. 使用这些免费服务有哪些危险或坏处?
   What are some of the dangers and disadvantages of using these free services?
   (1) _____
   (2) _____
   (3) _____
   (4) _____
   (5) _____
   (6) _____
   (7) _____
   (8) _____
   (9) _____
   (10) _____

3. 权衡了"免费"的优点和以上缺点以后,你打算继续使用哪些免费服务?请说明理由。
   After balancing the advantage of being "free" and the above disadvantages, which of the free services will you continue to use? Please explain why.

(四)

唱片公司对互联网又爱又恨

互联网对于唱片业是一把双刃剑。唱片公司对于互联网是"又爱又恨"。如何处理与网络的关系,成了唱片公司亟待解决的一个大问题。

网络对音乐和歌手的强大宣传已经被越来越多的业内人士所注意。在中国,最典型的例子是那些直接从网上产生的明星,《老鼠爱大米》、《丁香花》、《两只蝴蝶》等等,都是先在网络上火起来之后才进入传统唱片流水线的。据统计,《老鼠爱大米》通过网络下载和彩铃收费达到了1600万元的收益。以前唱片版权是利润的主要来源,而现在歌手的图片,MTV、彩铃等都已经成为唱片公司重要的利润来源。

对于一些乐迷而言,网上搜索音乐,不仅是因为免费,还因为能第一时间听到新歌。一些网友下载音乐是为了能马上听到最新发行的歌,听了觉得好就会去买CD。而不少网友则对一首歌比较感兴趣,所以他们往往喜欢下载单首歌。

唱片公司需要认识到,现阶段多数的消费者是消费单曲,而不会为了一首歌去买一整张唱片。这种消费模式也可以帮助唱片公司减少物理成本。因此,唱片公司应该针对消费者的情况,与网站合作,建立付费下载机制。

(根据《南方都市报》2005年9月26日的文章改写)

补充生词

| 1 | 双刃剑(雙刃劍) | shuāngrènjiàn | 名 | double edged sword |
| 2 | 亟待 | jídài | 副 | urgently, anxiously, earnestly |

1. 请从短文(四)中找出唱片公司爱网络和恨网络的原因。
   Please find out, from Article 4, the reasons for music studios to love and to hate the Internet.

   爱网络的原因

   恨网络的原因

2. 一家美国市场调查公司打算在中国大学生中展开调查,了解他们音乐消费的习惯。这家公司请你为他们准备一份采用选择题方式的中文问卷(不得少于十个问题,每个问题下面选择的选择项由你决定)。在问卷中,除了了解被调查者的一般情况以外,你应该了解他们喜欢什么样的音乐,他们目前怎么得到音乐,他们将来是否打算购买音乐。总之,对于他们的情况,你了解得越多越好。
   A US marketing company plans to carry out a market survey among Chinese university students to understand their behavior in purchasing music. The company has asked you to prepare a questionnaire in Chinese. The questionnaire should be in the format of multiple choices. It should have at least 10 questions, but you can decide the number of choices under each question. Apart from getting their background information, you need to find out what kind of music the students like, how they get their music, and whether they plan to purchase any music in the future. The more you can find out about the students, the better.

第一单元 网络时代

第一单元 补充练习

一、听力练习 (Listening Practice)

请听录音 1-4，然后回答问题。
Listen to Audio Clip 1-4 and answer the following question.

(请听录音 🔘 1-4)

这段录音的主要意思是：
The main idea of Audio Clip 1-4 is:
a. 网友认为应该免费下载音乐。
b. 要改变免费下载音乐的习惯，需要一点时间。
c. 记者向网友提出了付费网站的问题。

请听录音 1-5，然后回答问题。
Listen to Audio Clip 1-5 and answer the following question.

(请听录音 🔘 1-5)

这段录音的主要内容是：
The main idea of Audio Clip 1-5 is:
a. 介绍什么是点对点技术。
b. 介绍点对点技术的英文翻译。
c. 介绍互联网上不同的新技术。

请听录音 1-6，然后回答问题。
Listen to Audio Clip 1-6 and answer the following question.

(请听录音 🔘 1-6)

这段录音主要介绍了：
Audio Clip 1-6 is mainly about:
a. 晓雯是某高校大三的学生。
b. 晓雯网上"小店"的商品是从哪里来的。
c. 晓雯为商品拍照的故事。

二、念一念，说一说 (Reading and Speaking)

（一）

网络游戏

近来，有关青少年受网络游戏毒害的消息常常能在各大媒体报刊上见到。一些家长对孩子玩游戏采用强烈禁止的态度，企图强硬地把孩子从网络游戏世界中拉出来，这其实不是很好的办法。处于青少年时期，孩子的逆反心理相当严重，你越禁止，他就越要玩。禁止孩子玩游戏反而容易使孩子沉迷于网络游戏中。结果是父母和孩子的关系越来越差，隔阂越来越大，孩子的问题也越来越多。所以，父母不应该强硬地禁止孩子玩网络游戏。

（根据《张家口财政信息网》的文章改写）

▶ 结对讨论

Paired discussion

（1）对于孩子沉迷于网络游戏的问题，有些家长采用什么样的解决办法？

（2）作者为什么认为强烈禁止不是很好的办法？

（3）作者有没有给父母提出建议，帮助他们解决孩子沉迷于网络游戏的问题？

（4）请你们为父母提一些建议，来解决孩子沉迷于网络游戏的问题。

（二）

上网做什么？

明略市场策划有限公司近日对11所中学的344名中学生进行了一次问卷调查，把玩游戏作为首要目的的中学生占到被调查人数的52.9%，其次是聊天。

调查显示，74.2%的男生以游戏为上网的主要目的。一位学生坦言，网络游戏场面声势浩大，特别过瘾。另外，35.2%的男生选择聊天作为上网的首要目的，而女生中有52.6%爱聊天。研究人员分析，中学生平时的社交圈较窄，因此上网聊天交友几乎成了中学生的精神寄托。

（根据《中国教育和科研计算机网》2002年3月20日的文章改写）

第一单元　网络时代

▶ 小组讨论
Group discussion

1. 请在小组里做个简单的调查，大家上网的首要目的是什么，并请一个同学把调查结果写下来。
Conduct a simple survey in the group. What is the primary purpose for everyone to get online? Ask one student to record the survey results.

上网目的	人　数

2. 根据记录的结果，按人数多少重新排列一下上网目的。
Based on the survey results, rank-order the purpose of getting online.

3. 根据大家上网的情况，讨论下列观点。你们同意吗？
Based on the survey results, discuss if you agree with the following statements.
（1）社交圈较窄的人喜欢上网聊天，社交圈较广的人喜欢面对面聊天。
（2）朋友不多的人把上网聊天当做他们的精神寄托。
（3）网上游戏比传统的游戏有意思，所以特别容易让人上瘾。

（三）

网络时代的阅读生活

　　在21世纪，网络成为我们生活中的一部分，也影响到我们的阅读生活。现在看新闻，是在网上的网站看；读书，是在网络上的数字图书馆、网上书店上读；听音乐，是在网上听。

　　还有谁去书店买书？是学生，买的多是教材、教辅书。都市白领们喜欢的是经济管理书和励志书。小孩子喜欢的是漫画和童话、识字读本。那些专业著作、学术文章，需要它们的只有图书馆、学校。每天你给自己多少时间去看书阅报？报载，现代人每天只有15分钟至1个小时的时间去看书看报纸了。但是每天上网的时间却日日上升,工作在网上,游戏在网上,看书阅报也挪到网络上了。工作和生活衔接得越来越紧密,已经没有时间去放下一切,安安静静地看一会儿书了。对此,我们是该高兴还是忧伤呢?

(根据《新华网》2005年5月17日的文章改写)

▶ 结对活动
Work in pairs

1. 根据上文判断,哪些人喜欢买以下的书?
   Work in pairs: According to the above article, who like to buy these different types of books?

书的种类	读 者
教科书	
教学辅导书(教辅书)	
经济管理书	
励志书	
漫画书	
童话书	
识字读本	
专业书	

2. 网络有没有改变你的阅读习惯?你们认为在网上阅读和看书各有哪些优缺点?
   Has the Internet changed your reading habit? In your opinion, what are the advantages and disadvantages of reading online vs. reading a book?

网上阅读		看 书	
优点	缺点	优点	缺点

3. 生活和工作变得越来越紧密了。你们觉得应该为此高兴还是忧伤呢?
   Life and work have grown closer and closer. Shall we be happy or sad about this?

三、念一念，写一写 (Reading and Writing)

把下列句子翻译成汉语。

Translate the following sentence into Chinese.

Web 2.0 refers to a so-called second-generation of Internet-based services such as social networking sites and communication tools - that let people collaborate and share information online in previously unavailable ways.

_____

_____

_____

_____

（一）

垃圾邮件

中国互联网协会昨天公布了今年第三次反垃圾邮件调查报告。结果显示，我国网民每天平均收到垃圾邮件近2.5封。

从今年下半年以来，以博客、交友、网络赚钱等为代表的Web2.0的应用引发了信息发布源的变革，也助长了通过发送垃圾邮件推销宣传的行为。用户收到的垃圾邮件中，"网上购物"、"网络赚钱"和"情趣用品"排在前三位。虽然垃圾邮件的用户可以去投诉，但有85.65%的用户会选择不投诉，因为约七成用户不知道去哪里投诉。

同日，反垃圾邮件工作委员会正式在京成立。72名委员主要来自电子邮件提供商、运营商、网络服务提供者、网络内容提供商、反垃圾邮件技术产品制造商、科研机构和政府部门。

（根据《北京娱乐信报》2005年12月10日的文章改写）

▶ 根据上文，判断下列句子是否正确。

Based on the above article, decide if the following statements are true or false.

（1）中国网民平均每天收到两三封垃圾邮件。

（2）Web 2.0 改变了信息发布的来源。

（3）不少垃圾邮件是请大家去看博客。

（4）垃圾邮件中，网上购物的广告占第一位。

（5）许多网友不投诉垃圾邮件，因为他们觉得太麻烦。

（6）北京成立了反垃圾邮件工作委员会。

(二)

安妮的故事

1. 下面有6段短文，请把这些短文重新排序，组成一个有逻辑的故事。
   There are 6 paragraphs. Please rearrange the paragraphs to make it into a logical story.

   (1) 上网聊天两周后，彼得突然提出要跟安妮结婚，安妮拒绝了。但是她并不讨厌彼得。彼得告诉安妮，他家非常富有，自己也是青年才俊。彼得又说，女朋友随时都可以分开，但老婆就要永远在一起，他希望和安妮永远在一起，并且说要给她一个幸福的家庭。安妮对彼得是否有钱表现得很冷淡，然而彼得说要给她家的感觉，这是安妮最需要的。此后在交往中，彼得对安妮是一口一个老婆，安妮的心慢慢软了。

   (2) 三年来，应彼得的要求，安妮还在北京为彼得买了大量贵重礼物，其中包括名表、金戒指、玉观音、茶叶、冬虫夏草、高级钱包、打火机等。她给所有能回忆出的物品做了一个保守的估价，为88700元人民币。应彼得要求，安妮甚至包办了两人的电话费，3年的国际长途费用高达1万美元。

   (3) 2002年，安妮做好了出国留学的准备，但身体状况不太好，所以推迟了留学的时间。2003年2月15日晚，安妮因为无聊打开了网上聊天工具，"Hi"，一个名叫彼得的马来西亚人主动来打招呼，聊天结束时彼得要了安妮的电话。从第二天起，彼得每天都会来电话约安妮晚上聊天。彼得会说中文，英文不太好，上网聊天他常常打拼音。彼得说自己1975年出生，在帮父亲做生意。安妮告诉彼得她很快要出国读书。

   (4) 2006年春节，彼得终于答应春节后与安妮见面。然而2月7日，也就是春节期间，彼得的助理陈宏祥突然告诉安妮，彼得出车祸了。两人再次联系是在3月19日，可是当两人进行网络聊天时，安妮感觉这个人不是彼得。因为彼得一向打汉语拼音，这个人却喜欢用英语，也说不出以前的事。今年6月在一次聊天中，对方终于告诉安妮，自己不是彼得，而是彼得的一个朋友，彼得请他代替自己跟安妮聊天，而彼得其实就是陈宏祥本人。

   (5) 认识一个月后，彼得告诉安妮自己想买块名表，但差6000马币。当时，安妮对彼得还是有些戒心，她想拿2000美元去试探彼得，他如果是骗子，骗完钱便会消失，自己就当买个教训。于是，安妮于2003年3月19日将钱寄到彼得的助理陈宏祥的账号上。到了约定的还钱日期，彼得推说朋友儿子病了，他要资助朋友，一时还不了。后来，彼得又不断向安妮借钱，他说，父亲虽然有钱，但对自己并不好，不给他钱做生意，而他是生意人，出去要体面，开好车，住好房，再说夫妻之间何必计较那么多，以后赚了钱总是两人的。从2003年3月19日至2005年8月5日，安妮一共给陈宏祥的账户汇去16笔款项，总金额达8万多美元。

   (6) 2006年7月15日，安妮来到马来西亚，之前答应在机场接她的陈宏祥再次玩起猫捉老鼠的游戏。7月26日，在中国驻马来西亚大使馆的帮助下，安妮向当地警方报

第一单元　网络时代

警。负责该案的警官告诉她，警方已经查出陈宏祥1963年出生，有妻子和两个孩子，目前在一家工厂任经理。警官说，案情简单，他们将尽快采取行动逮捕陈宏祥。

（根据《新华网》2006年9月21日的文章改写）

2. 重新排列完以后，请跟同学或老师核对一下正确的顺序。
   After you have rearranged the paragraphs, check with other students or the instructor to see if you have done it correctly.

3. 请根据安妮的故事回答下列问题。
   Answer the following questions based on the above story.

   （1）安妮是怎么认识彼得的？

   （2）他们认识两个星期之后，彼得向安妮说什么？

   （3）彼得是怎么介绍自己的？

   （4）彼得用什么打动了安妮的心？

   （5）他们认识一个月以后，彼得向安妮提出了什么要求？

   （6）安妮第一次为什么决定借钱给彼得？

   （7）三年多来，安妮一共寄给彼得多少钱？

51

（8）三年多来，安妮为彼得买了什么东西？价值多少钱？

（9）2006年春节以后，安妮还继续跟彼得聊天吗？

（10）安妮在2006年7月采取了什么行动？

4.（1）找一个网上受骗的故事，这个故事可以是汉语或是你的母语写的。

（2）请你用汉语把这个故事重写一遍，你的故事不能超过150个字。

（3）在班里讲故事。

You need to do three things:

(1) Find an article about an online scam. The article can be in Chinese or in your native language;

(2) Re-write the story in Chinese by limiting it to 150 words; and

(3) Tell your story in class.

第二单元

经济全球化

Unit 2 Economic Globalization

热身活动 Warm-up Activities

结对讨论

Work in pairs

1. 你们认为下面哪些现象跟全球化有关？

   In your opinion, which of the following phenomenon is related to globalization?

   （1）在北京、上海等中国城市去麦当劳（McDonald's）吃饭。

   （2）在美国买的衣服都是"中国制造"（Made in China）的产品。

   （3）在北京吃北京烤鸭。

   （4）在日本看中国的电视节目。

   （5）在网上和韩国朋友聊天。

   （6）去世界各国旅行。

   （7）在电视上看到美国电话公司的中文广告。

   （8）在网上学习中文、英文、法文、俄文等各种外语。

   （9）在中国的新华书店买到国外的 CD。

   （10）在杭州听到有关西湖的传说。

   （11）在伦敦（London）的地铁上听到几种外语。

   （12）有来自各国的外国人在上海工作。

   （13）在英国的大学里看到各国的留学生。

   （14）在南非买到中国点心。

   （15）在中国旅游的时候，你的"佳能"（Canon）照相机坏了，可以在中国修理。

   （16）一家中国公司和一家德国公司一起生产德国品牌的汽车。

   （17）上海的地铁上用中文和英文报站名。

   （18）在商店可以买到韩国的大米、日本的糖果、马来西亚的饼干。

   （19）在上海的菜市场买上海农民种的菜。

   （20）在南京买到上海生产的电视机、北京生产的冰箱。

2. 全班讨论：你们同意下面的观点吗？请用一两个例子来支持你的观点。

   Class discussion: Do you agree with the following statements? Please use one or two examples to support your view.

   （1）我认为全球化主要是指经济活动，就是让产品、服务、劳动力、技术、资金在全世界流通。

(2) 我认为全球化除了经济活动以外，也包括文化交流，比如去国外留学，看外文书，看外国电影，听外国音乐等等都是全球化带来的结果。

(3) 我认为全球化需要有先进的通信技术，有了通信技术，世界各国可以快速联系。

(4) 我认为全球化就是要让世界各国都富起来，最后没有穷国和富国的差别。

(5) 我认为全球化就是让富国赚更多的钱，结果是富国更富，穷国更穷。

Dialogue 对话

星期五晚上，劳拉和汤姆的中国朋友小王请他们去吃饭。

小王：劳拉，汤姆，今天晚上有空吗？我请你们吃晚饭。

劳拉：今天是什么特别的日子，你要请我们？

小王：我在摩托罗拉找到工作了，我们一起去庆祝庆祝。

汤姆：太好了。你去哪个部门工作？

小王：产品研发。

劳拉：听说，摩托罗拉的手机在中国卖得很好。

小王：确实如此。大家认为摩托罗拉的手机不但质量好，而且款式新。摩托罗拉常常会根据中国人的爱好，推出新产品。你看，我的手机就是摩托罗拉的，不但颜色好看，而且功能特别多，除了一般的手机功能以外，还可以拍照、听音乐。研发部门的经理对我说，公司的目标是要让摩托罗拉的产品研发引导顾客的需求，而不是让顾客的需求引导摩托罗拉的产品研发。

劳拉：这么说，摩托罗拉要创造时尚？

小王：就是啊，所以能去研发部门工作，我感到特别高兴。

汤姆：研发部门的员工大部分是中国人吧？

小王：对，听说在摩托罗拉中国公司，90%以上的员工和70%以上的管理人员都是中国人。

汤姆：难怪有人说，在中国的外企中，摩托罗拉的本土化程度最高。他们要成为一家"地地道道的中国公司"。

劳拉：你是怎么找到这份工作的？

小王：去年暑假我在摩托罗拉公司实习过，可能是公司对我的表现比较满意，所以今年我一去找工作，就被录用了。

劳拉：你真幸运。希望我毕业以后也能找到一份让我感兴趣的工作。

汤姆：劳拉，你不是喜欢做翻译吗？为了打进中国市场，许多美国的电脑软件公司都在做"软件的本土化开发"，就是用中文把他们的产品和服务介绍给中国顾客。这样的工作你觉得怎么样？

劳拉：很有意思。等我回国以后，应该多注意电脑软件方面的工作机会。

小王：我们还没决定去哪儿吃饭呢？你们要吃中餐还是西餐？

汤姆：好久没吃西餐了，有点儿想吃西餐。你知道哪儿有比较地道的西餐厅吗？

小王：当然知道，学校附近有麦当劳、必胜客、肯德基，你想去哪家？

汤姆：可是，小王，这些都是快餐店。

小王：他们卖的不都是西餐吗？

汤姆：算了算了，如果只有西式快餐，我们还是去吃中餐吧。

生词表 Vocabulary List

1	研发（研發）	yánfā	动，名	research and development (R&D)
2	款式	kuǎnshì	名	pattern, style, design
3	推出	tuīchū	动	present to the public, release
4	功能	gōngnéng	名	function
5	引导（引導）	yǐndǎo	动，名	guide, lead, pilot
6	创造（創造）	chuàngzào	动	create, produce, bring about
7	时尚（時尚）	shíshàng	名，形	fashion, fad
8	难怪（難怪）	nánguài	副	no wonder (that), (it's) not surprising
9	外企	wàiqǐ	名	foreign enterprises
10	本土化	běntǔhuà	动	localize, localization
11	程度	chéngdù	名	extent, level, degree
12	地地道道	dìdìdàodào	形	genuine, pure, real, authentic

Language Notes 语言注释

是……而不是…… it is...it is not...

这一结构用在选择中。

This structure is used when making a choice.

(1) "营销"应该是动词，而不是名词。

Sales should be understood as a verb, not as a noun.

(2) 中国经济的快速发展对欧盟来说是"机遇"，而不是"威胁"。

The European Union views China's fast economic growth as an "opportunity", not as a "threat."

▷ 用"我认为：……是……而不是……"来表达你对以下情况做出的选择。

Use 我认为：……是……而不是…… to describe your choice of the following situations.

(1) 出国留学主要是为了去国外旅游。

出国留学主要是为了学习那个国家的文化和语言。

我认为：_____

(2) 跟一个人结婚是因为你爱她。

跟一个人结婚是因为她非常漂亮。

我认为：_____

(3) 生养孩子是因为你老了以后，你的孩子可以照顾你。

生养孩子是因为看到孩子的成长，你很快乐。

我认为：_____

(4) 人们买进口货是因为喜欢外国文化。

人们买进口货是因为进口货比较便宜。

我认为：_____

2.1 海尔公司在海外

随着经济全球化，不少跨国公司纷纷去海外投资、经营。过去只有发达国家对外投资，现在发展中国家也对外投资，包括去发达国家投资。中国的海尔公司就是其中一例。

海尔是一家跨国经营的中国家电企业，目前在美国、印尼、菲律宾、马来西亚等国设有分公司。1999年4月，海尔在美国南卡罗来纳州中部投资兴建了"海尔生产中心"。2000年3月，随着第一台印有"Made in USA"的冰箱生产出来，海尔开始了在美国制造冰箱的历史，也因此成为中国第一家在美国制造产品的公司。"美国制造"这几个字的意义非同小可，它代表了美国的零售商和顾客不再把海尔当成外来产品看待。消除"外来者"形象对美国消费者选择同类产品的品牌和价格尤为重要。

自从2001年美国著名的连锁店沃尔玛同海尔签订了购买十万台冰箱的合同以后，海尔在美国成了最受欢迎的小型电冰箱，市场占有率已经达到40%左右。同时，海尔冷柜也在美国同类型号中占据了三分之一的市场。这一切无不和美国海尔的一系列本土化营销策略有关。

"海尔生产中心"在人力资源管理方面实施本土化策略。其主要管理人员和普通员工都是美国人。他们具有很大的自主权，由他们来推销产品，争取新的客户，以此来推动海尔在美国的发展。为了满足消费者的需要，海尔还在美国洛杉矶设立了"海尔设计中心"，以便研发出针对美国市场的产品。海尔认为，一个企业要想在海外市场激烈竞争中立于不败之地，是离不开研发的本土化的。

（根据《慧聪网》2005年6月14日的文章改写）

Vocabulary List 生词表

1	随着（隨著）	suízhe	介	along with, in the wake of, in pace with
2	全球化	quánqiúhuà	动	globalization
3	跨国公司（跨國公司）	kuàguó gōngsī		transnational or multinational corporation
4	纷纷（紛紛）	fēnfēn	副	one after another, in succession
5	投资（投資）	tóuzī	动，名	invest, investment
6	经营（經營）	jīngyíng	动，名	manage, run
7	兴建（興建）	xīngjiàn	动	build, construct
8	非同小可	fēitóngxiǎokě	固	no small or trivial matter, not to be taken lightly
9	零售商	língshòushāng	名	retailer
10	看待	kàndài	动	look upon, regard, treat
11	消除	xiāochú	动	eliminate, remove, clear up, dismiss
12	消费者（消費者）	xiāofèizhě	名	consumer
13	尤为（尤爲）	yóuwéi	副	especially
14	连锁店（連鎖店）	liánsuǒdiàn	名	chain store
15	占据（佔據）	zhànjù	动	occupy, hold
16	一系列	yīxìliè	形	a series of
17	策略	cèlüè	名	tactics, maneuver, strategy
18	人力资源（人力資源）	rénlì zīyuán		human resources
19	自主权（自主權）	zìzhǔquán	名	decision power, autonomy
20	推销（推銷）	tuīxiāo	动，名	market, sell, sales (of goods)
21	推动（推動）	tuīdòng	动	promote, encourage, motivate, push forward
22	以便	yǐbiàn	连	so that, in order to, so as to

23	针对（針對）	zhēnduì	动	be aimed at, be targeted at, take into consideration
24	激烈	jīliè	形	intense, acute, fierce
25	竞争（競爭）	jìngzhēng	动，名	compete, competition
26	不败之地（不敗之地）	bùbàizhīdì	固	an invincible position

语言注释 Language Notes

1 尤为 particularly

"尤为"是书面语，意思是"特别"。

尤为 is used in written Chinese with the meaning of "particularly".

(1) 如果你打算去国外做生意，了解那个国家的风土人情对生意的成功尤为有益。

If you plan to do business in a foreign country, understanding the target culture is particularly beneficial for business success.

(2) 这种运动器材在登山时尤为有用。

This sporting equipment is particularly useful for mountain climbing.

▶ 回答问题。

Answer the following questions.

(1) 跨国公司在海外要取得成功，哪些因素尤为重要？

___

(2) 哪些电脑软件对你的工作和学习尤为有用？

___

(3) 你认为哪些网上活动尤为有趣？

___

(4) 哪些事使你尤为生气？

___

2 无不 all

"无不"采用双重否定来表达"都"的意思，这一副词短语常用在书面语中。

无不 uses double negatives to express the meaning of "all". This adverb phrase is used in written Chinese.

(1) 听说他找到了满意的工作，朋友们无不为他高兴。

All of his friends were happy that he had found a satisfying job.

(2) 科学家认为，近年来的自然灾害无不和全球变暖有关。

Scientists believe that the natural disasters in recent years are all related to global warming.

▶ 把"无不"插入到下列句子中。

Insert 无不 into the following sentences.

(1) 参加会议的各国代表认为国际合作非常重要。

_____

(2) 去访问过那个博客网站的网友觉得博客写得非常幽默。

_____

3 其 his, her, its, their

"其"是书面语，意思是"他/她/它的，他们的"。

其 is used in written Chinese, with the meaning of his/her/its/their.

(1) 她是一位富有传奇性的作家。其著作本本上畅销榜。

She is a legendary writer. All of her works have been on the best-seller list.

(2) 这家中国公司在海外成立五年多来，其销售额每年增长百分之十以上。

Since the Chinese company started its overseas business five years ago, its sales have risen by more than 10% annually.

▶ 完成下列句子。

Complete the following sentences.

(1) 张艺谋是有名的电影导演，在其导演的电影中，我最喜欢_____

_____。

(2) 海尔是一家电器公司。其主要产品包括：_____

_____。

(3) 学习汉语对一些外国学生来说有许多挑战。其主要挑战是_____

_____。

(4) 我觉得这个计划有一些不足。其最大的问题是_____

_____。

4 以……来…… (use)...to...

"以……来……"这一短语常用在书面语中。"以"是介词,后边的名词短语往往是所用的方式或工具。"来"是助词,标志后边是动词(即所要达到的目的或结果)。

以……来…… is used in written Chinese. 以, a preposition, precedes a noun phrase (the means/tools). 来, a particle, is a marker for a verbal phrase.

(1) 这家跨国公司以本土化的方式来获得国外市场份额。
The multi-national company has gained market shares in foreign countries with its localization measures.

(2) 中国希望能以外交方式来解决中东冲突。
China hopes that the Middle East conflicts can be resolved through diplomacy.

▷ 用"以……来……"改写下列句子。
Rewrite the following sentences with 以……来…….

(1) 如果你的汉语不够好,可以用你的母语解释这个复杂的概念。

_____。

(2) 为了减少经营成本,许多公司用语音电话代替了接待员。

_____。

5 以便 so as to, so that

(1) 中文系要求新生入学以后参加分班考试,以便合理安排教学。
The Chinese Department requires that all incoming students take a placement test, so as to ensure an appropriate teaching and learning arrangement.

(2) 那家饭店决定提供24小时服务,以便附近的居民就餐。
The restaurant has decided to open 24 hours a day, so as to better serve the nearby residents.

▷ 完成下列句子。
Complete the following sentences.

(1) 王老师把他的手机号码给了他的学生,以便_____。

(2) 阅读完毕请放回原处,以便_____。

(3) 这台电脑没有设密码,以便_____。

(4) 不少跨国公司采取了本土化的措施,以便_____。

Language Practice 语言练习

一、词语练习 (Vocabulary Practice)

1. 请写出 5 个与商业有关的词。
   Write five words that are related to business.

   _____ _____ _____ _____ _____

2. 请根据课文内容，在 A 栏动词和 B 栏名词之间连线，组成合适的动宾词组。
   Based on the text, construct a "verb + object" phrase by drawing a straight line between a verb in Column A and a noun in Column B.

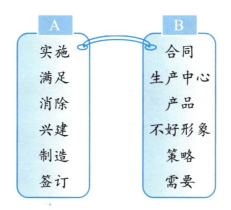

3. 用汉语说出下列词组的意思。
   Define the meaning of the following words / phrases in Chinese.

   （1）不败之地　　　　（2）自主权　　　　（3）尤为重要
   （4）意义非同小可　　（5）外来者

二、阅读理解 (Reading Comprehension)

1. 请根据课文，判断下列句子是否正确。
   Based on the text, decide if the following statements are true or false.

   （1）随着经济全球化，发达国家和发展中国家都去海外投资。
   （2）海尔公司是 2000 年 3 月去美国设立分公司的。
   （3）海尔公司在美国制造冰箱是为了消除"外来者"形象。
   （4）如果两个同类产品的价格差不多，美国顾客常常选择在美国生产的产品。
   （5）沃尔玛卖的冰箱占美国冰箱市场的 40% 左右。
   （6）海尔公司在美国的成功是因为实施了本土化的策略。

(7) 海尔的美国管理人员需要和中国管理人员商量之后,才能在美国推销海尔的产品。

(8) 海尔公司认为,如果他们不能满足美国消费者的需求,就很难在美国发展。

(9) 海尔在美国洛杉矶设立了"海尔设计中心"和"海尔生产中心"。

(10) 这篇文章认为,本土化能帮助一个公司的海外市场竞争。

2. 你同意下面的观点吗?请说明你为什么同意,为什么不同意。

Do you agree with the following opinions? Please state your reasons.

观 点	同意/不同意	原 因
去海外投资、生产的美国汽车公司比较多。		
去海外投资、生产的中国汽车公司比较少。		
如果美国汽车公司要在中国推销车,最好告诉中国顾客,他们的车是在中国制造的。		
如果中国汽车公司要在美国推销车,最好告诉美国顾客,他们的车是在美国制造的。		
如果美国车和中国车的价格一样,一般的美国人喜欢买美国车。		
如果美国车和中国车的价格一样,一般的中国人喜欢买中国车。		
美国人喜欢买美国车是因为他们想帮助美国汽车公司的员工。		
中国人喜欢买美国车是因为他们喜欢"外来者"的形象。		
一般来说,在国际市场的竞争中,发达国家往往比发展中国家更容易立于不败之地。		

三、听力练习 (Listening Comprehension)

(请听录音 2-1)

1. 请总结一下录音2-1的主要意思。

Summarize the main idea of Audio Clip 2-1.

_____

_____

2. 根据录音2-1，填入数字信息。
Fill in the missing information according to Audio Clip 2-1.

1993年（　　）月，摩托罗拉在北京建立了摩托罗拉大学，主要培训摩托罗拉的员工。新员工要进入摩托罗拉，首先要到这所大学参加"新员工培训"，了解公司的情况，比如公司结构、企业文化等等。摩托罗拉公司每年用相当于员工工资总额的（　　）来培训员工，每个员工每年必须接受不少于（　　）小时的培训。目前，摩托罗拉大学有（　　）种和中国有关的课程，用来培训在中国的（　　）名员工。摩托罗拉大学每年为员工提供（　　）个培训项目。

四、念一念、说一说、写一写 (Reading, Speaking, and Writing)

（一）

柯达在中国

早在1927年柯达就在上海设立了第一家办事处。此后柯达公司在华的业务蒸蒸日上。1998年，柯达开始投入12亿美元与中国主要的感光企业合资合作，提高中国感光工业的水平。这次投资是柯达近30年中最大的一次海外投资。通过合资合作，中国国内原有的7家感光企业中，3家与柯达合资，3家由柯达提供经济补偿，1家不参与合资合作。

柯达原计划满足中国国内影像市场的需要，但在中国制造的产品达到柯达环球标准后，首先出口到东南亚和澳大利亚市场。这样，标有"中国制造"的柯达产品从中国走向了世界。柯达通过在中国建厂，向中国提供先进的生产技术和管理经验，把世界带入中国；同时，又通过出口中国制造的世界第一流产品，把中国推向世界。

（根据《柯达在中国》网站的介绍改写）

补充生词

1	蒸蒸日上	zhēngzhēngrìshàng	固	upgrade, be prospering with each passing day
2	感光	gǎnguāng	动	sensitization, sensitive, photoreception
3	补偿（補償）	bǔcháng	动,名	compensate, make up, compensation
4	参与（參與）	cānyù	动	participate in, take part in

根据短文（一）回答问题。

Answer the following questions according to the first article.

(1) 柯达公司近30年最大的一次海外投资是在什么国家？

(2) 柯达公司在中国的主要经营方式是独资经营还是合资经营？

(3) 文章里提到，1990年代中国有多少家感光企业？

(4) 感光企业生产什么产品？

(5) 柯达公司在中国生产的产品只在中国销售吗？

(6) 柯达公司认为，他们进入中国市场以后，给中国带来了哪些好处？

（二）

经济全球化

经济全球化的内容主要包括以下几个方面：

第一，生产全球化（经济全球化的核心）。随着国际分工和专业化协作，各国各地区在生产上相互依赖，很多产品是在世界各地生产的。例如，波音飞机的零部件是在世界70多个国家和地区生产的；

第二，贸易全球化。世界市场的形成使各国市场逐渐成为一体，并极大地促进了全球贸易的发展；各国对世界市场越来越依赖；

第三，金融全球化。迅速扩展的跨国银行，遍布全球的电脑网络，使全世界的资本在全球范围内流动；

第四，投资全球化。国际投资越来越大。过去只有发达国家输出资本，现在发展中国家也对外输出资本，包括向发达国家输出；

第五，区域性经济合作日益加强。区域经济组织遍及全世界，如欧盟、北美自由贸易区等。在许多区域经济组织内，商品、资本、人员和劳务能自由流通，使区域内能合理利用资源，提高经济效益。

（根据《中国考研网》鲁生的文章改写）

补充生词

1	分工	fēngōng	动	divide the work, division of labor
2	协作（協作）	xiézuò	动	collaborate, collaboration
3	依赖（依賴）	yīlài	动	rely on, be dependent on, be interdependent
4	流动（流動）	liúdòng	动	flow, run, circulate, move, go from place to place, mobile
5	输出（輸出）	shūchū	动	send out, export
6	资本（資本）	zīběn	名	capital

1. 用汉语解释下列词组的意思。

   Explain the meaning of the following words/phrases in Chinese.

   （1）生产全球化　　　　　　（2）分工

   （3）贸易全球化　　　　　　（4）世界市场

   （5）遍布世界　　　　　　　（6）跨国银行

   （7）流动　　　　　　　　　（8）投资全球化

   （9）输出资本　　　　　　　（10）发展中国家

   （11）发达国家　　　　　　　（12）区域性经济合作

   （13）自由流通　　　　　　　（14）劳务

2. 根据短文（二）判断下列句子是否正确。

   Based on the second article, decide if the following statements are true or false.

   （1）经济全球化的定义就是生产全球化。

   （2）生产全球化的意思是各国在生产上分工合作。

   （3）贸易全球化使各国的政治经济逐渐成为一体。

   （4）遍布世界的电脑网络加快了全球资本的流动，帮助了金融全球化。

   （5）投资全球化的意思是发达国家向发展中国家输出资本。

   （6）在一些区域经济组织内，商品和资本能自由流通。

（三）

微软在中国的发展

自1992年微软公司在北京设立代表处以来，微软在华的员工总数已增加到900多人。

新视角——高级汉语教程（上）

目前在北京设有微软总部，在上海和广州设有分公司。微软在中国经历了三大发展阶段。

从1992年至1995年是微软在中国发展的第一阶段。在这一阶段，微软主要发展了市场和销售渠道。

从1995年至1999年是微软在中国发展的第二阶段。在这一阶段，微软在中国成立了微软中国研究开发中心、微软全球技术支持中心和微软亚洲研究院，完善了在中国的科研、产品开发与技术支持服务机构。

从2000年至今，微软进入了在中国发展的第三阶段。这一阶段的微软中国将加大对中国软件产业的投资与合作，在自身发展的同时，促进中国IT产业发展自有知识产权。这不仅是微软在中国长期发展的战略，也表明微软要"把最先进的电子信息技术带给中国，与中国计算机产业共同进步"。

（根据《微软在中国》网站的介绍改写）

补充生词

1	阶段（階段）	jiēduàn	名	stage, phase, period
2	渠道	qúdào	名	channel, way, means
3	完善	wánshàn	动，形	perfect, consummate, improve
4	促进（促進）	cùjìn	动	promote, accelerate, boost, facilitate, encourage

1. 根据短文（三）的内容完成下列句子。
   Complete the following questions according to the third article.

   （1）自从微软公司在北京设立代表处以来，_____。

   （2）微软在中国发展的第一阶段，工作重点是：_____。

   （3）微软在中国发展的第二阶段，工作重点是：_____。

   （4）微软在中国发展的第三阶段，工作重点是：_____。

2. 请上网找一家在华经营的跨国公司，把这家公司的基本情况写下来，并在班里口头报告。以下的表格可以帮助你整理信息。
   Go online to find the information of a multinational company that does business in China. Write down the basic facts about the company and make an oral report in class. The following table is to help you organize the information.

公司名称	
公司总部所在国	
公司主要产品	
什么时候来中国经营	
在中国的代表处、分公司	
在中国的员工人数	
采用哪些"本土化"经营方式	
在中国的成绩	
未来计划	

3. 请根据你找到的上述相关信息，写一篇150-200字左右的短文，并尽量使用下列词语。
Use the above information that you have found to write a 150-200-word essay. Try to use the following words/phrases.

全球化　　投资　　经营　　占据　　市场　　销售
品牌　　兴建　　设立　　本土化　　策略

2.2 洋快餐入乡随俗

在竞争日益加剧的今天,中国的餐饮习惯让洋快餐有些水土不服,肯德基、星巴克等品牌洋快餐增强了本土化意识,开始打造适合中国消费者口味的新快餐。然而很多人担心,丢掉"洋"味,也有丢掉品牌特色的风险。

肯德基换广告了!一句"为中国而改变,打造新快餐"道出了洋快餐"本土化"的新策略。肯德基开始打破以油炸食品为主的"洋传统",针对中国消费者的口味,研发不同中式食品。

随着人们越来越重视健康,消费者开始关注洋快餐的营养问题和营养结构,担心由此引起肥胖和其他疾病。为了摘掉"垃圾食品"的帽子,肯德基宣布:他们将全力打造健康"新快餐",增加了煮、凉拌等烹饪方式,并在菜单中增加了玉米沙拉、金秋沙拉、番茄蛋花汤等植物产品。以咖啡饮品著称的星巴克也推出了鲜榨果汁和营养水果盒等食品。麦当劳还提出了运动、健康、选择、均衡膳食的口号。

有人认为本土化有助于洋快餐今后的发展。在北京一家肯德基快餐店,一位中年男子向记者表示:"我十分支持肯德基中西结合。我相信不久的将来不仅是中国人,还会有更多的外国人喜欢它。"

但是也有人持批评意见。一名北京大学生对记者说:"我们吃肯德基,很大部分是喜欢这里的环境。我觉得吃洋快餐,吃的就是'洋特色',就是炸鸡、汉堡,如果现在洋快餐也卖中国菜,那干吗还来这儿吃?"

洋快餐入乡随俗的决心值得赞扬。但是洋快餐是否会因此失去品牌特色?这一点也需要慎重考虑。

(根据《消费日报》2005年8月24日的文章改写)

Vocabulary List 生词表

1	入乡随俗（入鄉隨俗）	rù xiāng suí sú	固	When in Rome do as the Romans do
2	日益	rìyì	副	increasingly, day by day, more and more
3	加剧（加劇）	jiājù	动	aggravate, exacerbate, intensify
4	水土不服	shuǐtǔbùfú	固	not used to the place and weather
5	意识（意識）	yìshí	动，名	consciousness, awareness, realize
6	打造	dǎzào	动	forge
7	风险（風險）	fēngxiǎn	名	risk
8	营养（營養）	yíngyǎng	名	nutrition, nourishment
9	均衡	jūnhéng	形	balance, balanced, proportionate, even
10	膳食	shànshí	名	meals, diet, food
11	有助于（有助於）	yǒuzhùyú	动	be conducive to, be helpful to
12	慎重	shènzhòng	形	prudent, cautious

Language Notes 语言注释

1 以……为主 with the majority as...

"以……为主"有两个意思：

以……为主 has two meanings:

a. 把……作为主要/重要的 regard...as the main/major/most important

b. 多数是…… with the majority as...

(1) 目前，海外投资仍以发达国家向发展中国家投资为主。

　　At present, the majority of overseas investment remains from developed countries to developing countries.

(2) 这家公司以做进出口贸易为主。

　　The company deals mainly in import and export.

(3) 他提出研究所的工作应该以研究为主，以教学为辅。

　　He proposes that the Institute should regard research as its primary and teaching as its secondary task.

（4）这家网吧的顾客以中学生为主。

　　　Most of the Internet Café's customers are middle school students.

▶ 用"以……为主"改写下列句子。

Rewrite the following sentences with 以……为主.

（1）这所学校一半以上的学生都住校。
_____

（2）他主要研究全球化对中国经济的影响。
_____

（3）她的博客网站多数都是照片。
_____

（4）这家公司的产品主要出口到北美国家。
_____

2 以……著称 famous for

"以……著称"是书面语，意思是"因为……而出名"。

以……著称 is used in written Chinese. It means "famous for...".

（1）杭州以风景美丽著称。

　　　Hangzhou is famous for its beautiful scenery.

（2）以炸鸡著称的肯德基开始出售健康食品。

　　　KFC, which is famous for its fried chicken, has started to sell health food.

▶ 回答下列问题。

Answer the following questions.

（1）麦当劳以什么产品著称？
_____。

（2）美国的快餐店以什么特点著称？
_____。

（3）中国饭店以什么菜著称？
_____。

（4）德国汽车以什么著称？
_____。

3 **有助于** be helpful to

(1) 学习一个国家的语言有助于了解那个国家的文化。
Studying a foreign country's language is helpful to understanding that country's culture.

(2) 这家公司的本土化销售策略有助于打开当地市场。
The company's localized marketing strategies are helpful for it to enter the local market.

▶ 完成下列句子。
Complete the following sentences.

(1) 接受良好的教育有助于 _____。
(2) 注意膳食的营养结构有助于 _____。
(3) 去国外留学的时候，经常跟当地居民交流有助于 _____。
(4) 跟同学老师建立良好的关系有助于 _____。

Language Practice 语言练习

一、词汇练习（Vocabulary Practice）

1. 下面每组词语在词类上是相同的，只有一个例外。请找出那个词。
   The following groups of words have the same part of speech, with one exception. Please find the exception.

   (1) 品牌　　打造　　快餐　　口味
   (2) 竞争　　意识　　特色　　慎重
   (3) 失去　　打造　　是否　　打破
   (4) 风险　　丢掉　　研发　　宣布
   (5) 重视　　结构　　关注　　摘掉
   (6) 宣布　　增加　　适合　　营养

2. 用汉语说出下列词组的意思。
   Explain the meaning of the following words / phrases in Chinese.

   (1) 水土不服　　　　(2) 本土化
   (3) 洋传统　　　　　(4) 垃圾食品
   (5) 营养结构　　　　(6) 中西结合
   (7) 洋特色　　　　　(8) 入乡随俗
   (9) 慎重考虑　　　　(10) 均衡膳食

3. 下面每组词语中，第一个是动词，其余三个是名词。请判断一下，哪些名词可以和动词组成动宾词组。

In each of the following groups of words, the first word is a verb, and the rest are nouns. Decide whether you can use the verb and any of the nouns to form a "verb-object" phrase.

(1) 打造　　　传统　　品牌　　特色
(2) 值得　　　考虑　　赞扬　　营养
(3) 关注　　　健康　　营养　　竞争
(4) 适合　　　风险　　口味　　意识
(5) 提出　　　策略　　口号　　食品
(6) 失去　　　特色　　传统　　疾病
(7) 推出　　　产品　　广告　　品牌
(8) 引起　　　疾病　　竞争　　快餐

二、阅读理解 (Reading Comprehension)

1. 根据课文进行选择。

   Multiple Choices.

   (1) 为了让洋快餐适合中国消费者的口味，肯德基采取了哪些本土化的策略？（多选）

   　　a. 丢掉了洋品牌。　　　　　　b. 增加了本土化意识。
   　　c. 加剧了竞争。　　　　　　　d. 换广告。
   　　e. 食品以油炸为主。　　　　　f. 研发中式食品。
   　　g. 打造健康新快餐。

   (2) 肯德基的快餐有什么改变？（多选）

   　　a. 改变了以油炸食品为主。　　b. 增加了一些植物产品。
   　　c. 推出了水果盒和水果汁。　　d. 使消费者关注肥胖病。
   　　e. 增加了煮、凉拌等烹饪方式。　f. 采用新菜单。
   　　g. 提出了运动、健康的口号。

   (3) 中国消费者对洋快餐本土化有什么看法？（多选）

   　　a. 本土化有助于洋快餐在中国的发展。
   　　b. 本土化会让洋快餐丢掉"洋"特色。
   　　c. 中西结合可以吸引中外消费者。
   　　d. 喜欢没有"洋特色"的洋快餐。
   　　e. 洋快餐都不是垃圾食品。
   　　f. 洋快餐会引起肥胖。

2. 你同意下面的观点吗？请用例子来支持你的观点。

Do you agree with the following comments? Please support your opinion with examples.

观　　点	你的观点	支持你观点的例子
丢掉了"洋"味，就丢掉了品牌特色。		
洋快餐的营养结构容易引起肥胖和其他疾病。		
运动、选择、均衡膳食有助于健康。		
不仅中国人喜欢中西结合的食品，外国人也喜欢中西结合的食品。		
吃外国饭是为了吃外国"特色"，并享受外国"环境"。		
如果洋快餐店也卖中国快餐，就没有必要去洋快餐店吃饭了。		
"入乡随俗"只有好处，没有坏处。		

三、听力练习　(Listening Comprehension)

根据录音选择正确答案。

Choose the correct answers according to what you hear.

(请听录音 2-2)

录音2-2的主要意思是：

The main idea of Audio Clip 2-2 is:

a. 到1996年，肯德基在中国开了100家餐厅。

b. 肯德基在中国发展的情况。

c. 肯德基打造中国特色的快餐。

(请听录音 2-3)

录音2-3的主要意思是：

The main idea of Audio Clip 2-3 is:

a. 麦当劳推出了"麦辣鸡"和"鸡腿汉堡"的新产品。

b. 麦当劳在美国的快餐店中排名第一。

c. 麦当劳无法在中国快餐市场中成为第一的原因。

(请听录音 2-4)

录音2-4的主要意思是：

The main idea of Audio Clip 2-4 is:

a. 必胜客发展的历史。

b. 必胜客做的比萨饼非常新鲜。

c. 必胜客在世界各地有12000多家分店。

四、念一念，说一说，写一写 (Reading, Speaking, and Writing)

（一）

麦当劳和肯德基在中国

从全球范围看，麦当劳和肯德基不属于一个重量级。麦当劳目前在世界121个国家和地区拥有超过30,000家店，全球营业额约406.3亿美元，而肯德基在世界80个国家和地区拥有连锁店数仅为11,000多家。据美国食品业界2003年全美快餐销售额和餐厅数量的统计显示，麦当劳以全美13,609家餐厅，销售额超过221亿美元排名第一；而肯德基则以全美5,524家餐厅，销售额49.36亿美元排名第七。

然而，作为全球快餐第一品牌的老大麦当劳在中国市场的发展现状，却远远落后于位处全球范围的第二品牌与美国本土市场第七的肯德基。2003年，麦当劳在中国的营业收入为人民币53亿元，而肯德基同年的收入却达到了人民币93亿元。拿单店的平均营业收入相比，一家肯德基快餐厅每年的收入约在人民币800万元，而麦当劳快餐厅往往在人民币600万元左右。在中国，肯德基的发展速度大大快于麦当劳。肯德基的年均扩张速度大于70%，在2004年，已经在中国开设了1,200多家餐厅。而麦当劳的年均扩张速度为25%左右，2004年在中国的餐厅数目约为600家。

从以上数据，我们不难看出，在中国市场，麦当劳不如其对手肯德基。这两家美国快餐公司在中国市场的竞争结果已形成了巨大的落差。

（根据《全球品牌网》2006年4月4日黄云生的文章改写）

补充生词

1	显示（顯示）	xiǎnshì	动	show, display, demonstrate, manifest
2	速度	sùdù	名	speed, rate, pace
3	扩张（擴張）	kuòzhāng	动	expand, extend, enlarge
4	对手（對手）	duìshǒu	名	opponent
5	落差	luòchā	名	difference

▶ 根据短文（一），把信息填入下表中。
Based on the above article, fill the missing information into the following chart.

	麦当劳	肯德基
分店数量		
全球营业额		
在美国的餐厅数量（2003年）		
在美国的销售额（2003年）		
在美国市场的排名（2003年）		
在中国的餐厅数量（2004年）		
在中国的营业额（2003年）		
在中国的年均单店营业额		
在中国的扩张速度		

（二）

沃尔玛在中国

沃尔玛董事会相信，沃尔玛在美国成功的经验是适合英国、德国、墨西哥、中国的。但是沃尔玛在中国遇到的种种问题证明：它不懂中国。

有人提到在中国做生意，"第一是关系，第二是关系，第三还是关系"。可有些傲慢的沃尔玛偏偏缺少这种中国式的商业智慧。在处理政府与媒体关系上，沃尔玛一直很被动。

20世纪90年代初，沃尔玛的董事长到上海和政府洽谈开店之事，可是由于沃尔玛不愿意成立工会，所以和上海政府的洽谈就不了了之。直到2005年，在上海大卖场基本饱和的情况下，沃尔玛才在上海开了第一家门店。但形势已今非昔比，沃尔玛已经错过了最佳的发展时机。沃尔玛虽为全球的零售业老大，却不得不面对大约120家类似卖场的竞争。其中老对手家乐福的门店就达到10家。1∶10，这个差距不是沃尔玛短时间能赶上来的。

在和媒体的关系上，沃尔玛也很傲慢。除非沃尔玛在有需求的时候主动与媒体沟通，否则媒体想要采访它是非常困难的。结果引起了媒体的不满。关于沃尔玛的正面新闻不多，负面新闻却很多。

沃尔玛在中国发展遇到的问题，归根结底是因为它漠视中国文化造成的。尽管沃尔玛在管理、全球化采购、信息化等方面具有先进经验，但是它太看重美国式的文化，盲目推行公司的价值观，因此无法把握中国市场的情况。

（根据《全球品牌网》2006年5月12日爱成的文章改写）

补充生词

1	傲慢	àomàn	形	cocky, arrogant
2	智慧	zhìhuì	名	wisdom, intelligence
3	被动（被動）	bèidòng	形	passive, passiveness
4	洽谈（洽談）	qiàtán	动	hold talks, negotiate
5	不了了之	bùliǎoliǎozhī	固	end up with nothing definite
6	饱和（飽和）	bǎohé	动	saturate, saturation
7	今非昔比	jīnfēixībǐ	固	cannot compare the present with the past, times have changed
8	主动（主動）	zhǔdòng	形	active, positive, voluntary
9	归根结底（歸根結底）	guīgēnjiédǐ	固	in the final analysis
10	漠视（漠視）	mòshì	动	indifference, ignore, overlook
11	盲目	mángmù	形	blind, lacking insight or understanding
12	把握	bǎwò	动，名	grasp, hold, assurance, certainty

1. 请用短文（二）中的形容词"盲目、不满、被动、主动、最佳、傲慢"来描写下面的情况。

Use one adjective in the above article 盲目，不满，被动，主动，最佳，傲慢 to describe the following behavior.

行　　为	形容词
如果父母不叫他做作业，他就不做。	
他一看见别人需要帮助，就会去帮助别人。	
他认为自己是最聪明的，别人都不怎么样，所以他不愿意和别人沟通。	
他觉得他的工作太累了，工资太低了，同事太不客气了。	
和其他公司相比，这家公司的产品质量是最好的，服务也是最好的。	
他看到李小姐买鸡肉汉堡，他也买鸡肉汉堡。他看到张小姐买水果沙拉，他也买水果沙拉。	

2. 根据短文（二）判断下列句子是否正确。

According to the text, decide if the following statements are true or false.

（1）沃尔玛的董事会认为，如果沃尔玛能在美国成功，它也一定能在其他国家成功。
（2）沃尔玛在中国的发展遇到了一些问题。
（3）因为在中国做生意主要靠关系，所以沃尔玛非常注意和中国政府的关系。
（4）沃尔玛从20世纪90年代开始就在上海设立了第一家门店。
（5）沃尔玛没有和上海政府洽谈成功，主要原因是沃尔玛不愿意成立工会。
（6）等到沃尔玛进入中国的时候，其他跨国零售公司已经进入了中国。
（7）因为关于沃尔玛的负面新闻太多，所以沃尔玛不愿意接受媒体的采访。
（8）文章认为，沃尔玛太傲慢，漠视了中国的文化。
（9）沃尔玛非常看重美国式的文化，并且希望其他国家也能接受沃尔玛的价值观。
（10）沃尔玛在管理、采购、信息化方面有先进经验，所以在中国一定能成功。

（三）

麦当劳和肯德基的消费者定位

虽然麦当劳和肯德基都选择城市家庭为主要消费人群，但在构成家庭的三大群体（即孩子、年轻父母、青年男女）上却有所不同。麦当劳一直坚持孩子第一，然后才是父母与青年男女；而肯德基则是以青年男女为中心，然后是孩子与年轻父母。两者看上去差别不大，但这一差别却决定了两者的经营重心，影响了两者的餐厅布局、产品、选址等等。

据市场调查数据显示，中国洋快餐的消费，16～25岁的年轻人无论是在消费人群比重还是在消费金额比重上，均在60%以上。而占30～40%的儿童与家长市场，消费基本由家长决定。可以说，洋快餐的消费决策者主要是成年人，而不是儿童。尤其在"快餐健康危机"的今天，家长往往决定他们的孩子应该吃什么。

（根据《全球品牌网》2006年4月4日黄云生的文章改写）

补充生词

| 1 | 布局（佈局） | bùjú | 名 | composition, layout |
| 2 | 决策者（決策者） | juécèzhě | 名 | decision maker |

1. 小组讨论

Group discussion

（1）在中国，肯德基和麦当劳在选择他们产品消费者的时候，有哪些相同的方面？
（2）肯德基和麦当劳的消费人群重点有什么不同？
（3）如果一家快餐厅主要为年轻人服务，一般会选择在哪里开店？店内的布局是怎样的？菜单上会有哪些食品？

(4) 如果一家快餐厅主要为孩子服务，一般会选择在哪里开店？店内的布局是怎样的？菜单上会有哪些食品？

2. 假设现在有一家有名的意大利餐厅要去中国开设分店，他们需要中国文化咨询公司帮助他们设计餐厅的布局，选择开餐厅的地方，决定产品，并做一个中文广告。你们的小组就是这家咨询公司。请在小组里讨论决定。决定以后，在班里报告你们小组的计划。
Suppose a well-known Italian restaurant has decided to open a restaurant in China. They need the help of a consulting firm to design the layout of the restaurant, select the location of the restaurant, decide products, and write an advertisement in Chinese. Your group is the consulting firm. Please discuss with your group members to come up with a plan. Then present your group plan in class.

餐厅布局	
餐厅位置	
主要产品	
中文广告	

（四）

我去北京的必胜客吃比萨

我去北京崇文门新世界商场的比萨餐厅，首先看到的是PIZZA HUT的招牌和可爱的小红帽。这里给人的第一印象是这里的环境很舒服，是一个休闲就餐的好地方。

必胜客的服务员看到我，很客气地问候，并把我领到一张干干净净的餐桌旁，同时热情地询问我想要点儿什么，并介绍说，比萨按大小一般分为三种尺寸：6寸（切成4块）、9寸（切成6块）、12寸（切成8块），按厚度分为厚、薄两种，按制作方法又分为铁盘比萨和无边比萨两种。还介绍说，必胜客的比萨饼饼皮新鲜、乳酪和比萨酱上等。饼底每天现做，做饼用的面粉质量都非常好。我点了一份奶酪比萨饼和一杯鲜奶，看到服务人员点单快速正确。几分钟后，香味扑鼻冒着热气的比萨就端了上来。用餐后，服务人员在给我账单的同时，还询问我对产品、服务的满意程度。我告诉他，我对必胜客的产品、服务、环境都很满意。

（根据《全球品牌网》2006年2月6日的文章改写）

补充生词

| 招牌 | zhāopai | 名 | shop sign, signboard, reputation of a business |

▶ 作文
Composition
把你去一家外国饭店吃饭的经历写下来，请尽量使用下列词语。
Write your experience of eating in a foreign cuisine restaurant. Try to use the following words.

印象　环境　领……餐桌旁　询问　点（菜）　端　账单

2.3 全球化带来的两极分化

全球化正在影响着全球60多亿人口的生活。当发达国家的经济、教育和文化受益于全球化时，全球化也给不发达国家带来了边缘化和贫困的巨大影响。

20世纪90年代以来，信息、通信技术的高速发展和世界贸易组织的建立，加快了经济全球化。与此同时，世界经济发展的不协调也进一步恶化，贫富鸿沟继续加深。有人富可敌国，有人日忧三餐。比如，1999年比尔·盖茨的财产约为630亿美元，超过了当年秘鲁的国内生产总值。全球前三名富豪的个人资产总额，超过全球最贫困的26个国家、6亿多人口财富的总和。而全球前200名巨富者拥有的资产，超过全球41%人口资产的总和。

目前在全球60亿人口中，有30亿人每天靠不足2美元生存，其中12亿人每天的生活费不足1美元。有26亿人缺乏基本的医疗服务；11亿人以上没有适当的住宅；在贫穷国家高达50%的儿童吃不饱饭；在发展中国家，有8亿人处于失业或半失业状态，这一数字超过了工业化国家目前的劳工总数。

世界财富上的贫富分化，造成了大量发展中国家的贫困。世界银行于2000年提出：向贫困开战。各国政府和国际机构都要努力为贫困人口创造条件：一是通过刺激经济增长，帮助穷人参与经济发展，增加穷人的资产，如土地和教育，以此来扩大穷人的经济机会；二是努力提高穷人对影响他们生活的决策能力；三是努力降低穷人受到疾病、经济危机、粮食歉收、失业、自然灾害和暴力打击的危险，帮助他们克服困难。

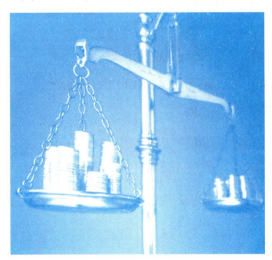

总之，消除贫困需要国际社会在许多领域采取国际行动。比如，发达国家应该援助最不发达国家，债权国应该减免最不发达国家的债务，发达国家应该帮助最不发达国家提高生产力，增强国际竞争力，促进经济发展。

（根据《中国教育和科研计算机网》唐任伍的文章改写）

生词表 Vocabulary List

1	分化	fēnhuà	动	divide, break up, split up
2	受益	shòuyì	动	profit by, benefit from
3	边缘（邊緣）	biānyuán	名	margin, edge, fringe, periphery
4	通信	tōngxìn	动	correspond, communication
5	鸿沟（鴻溝）	hónggōu	名	wide gap
6	生产总值（生產總值）	shēngchǎn zǒngzhí		total output value, gross product
7	资产（資産）	zīchǎn	名	property, estate, capital, assets
8	缺乏	quēfá	动	shortage, lack
9	处于（處於）	chǔyú	动	be (in a state, position, or condition)
10	状态（狀態）	zhuàngtài	名	state, condition, state of affairs
11	刺激	cìjī	动，名	stimulation, stimulus, stimulate, encourage
12	决策	juécè	动，名	make policy, policy making
13	歉收	qiànshōu	动	poor harvest
14	暴力	bàolì	名	violence
15	打击（打擊）	dǎjī	动	hit, strike, attack
16	采取（採取）	cǎiqǔ	动	adopt, carry out (a measure, policy)
17	减免（減免）	jiǎnmiǎn	动	reduce or remit (taxation)
18	债务（債務）	zhàiwù	名	debt, liabilities, financial obligations

Language Notes 语言注释

1 受益于 benefit from

"受益于"常用在书面语中,意思是"从……得到好处"。

受益于 is often used in written Chinese to indicate the meaning of "benefit from".

(1) 受益于九年义务教育,这个地区的农民大多念完了初中。
Benefiting from the 9-year compulsory education, most farmers in the region have finished middle school.

(2) 快速的经济增长受益于科技的发展。
Rapid economic growth benefits from technology development.

▶ 用"受益于"改写下列句子。
Rewrite the following sentences with 受益于.

(1) 他的汉语口语提高得很快。他常常和中国邻居聊天。
_____。

(2) 那个地区经济发展非常快。居民的收入增加了。
_____。

(3) 这家日本公司的产品在中国销售得很好,因为公司了解中国人的消费习惯。
_____。

(4) 加拿大实行全民医疗保险,这对加拿大人民的健康很有好处。
_____。

2 不足 less than

"不足"可以放在一个数字之前,表示"不到",一般用在书面语中。

不足, in written Chinese, can proceed a number to indicate the meaning of "less than".

(1) 去年该公司的年销售量下降到不足三十万美元。
Last year, the company's annual sales declined to less than US$300,000.

(2) 在那个贫穷地区,仅有不足三成的人会用电脑。
In that poverty stricken area, only less than 30% people know how to use a computer.

▶ 把下列句子翻译成汉语。
Translate the following sentences into Chinese.

(1) Only less than 20% of the shoes sold in the US are made in the US.

_____。

(2) Less than half of the students can speak a foreign language.

_____。

3 处于……状态 in the state/condition of ...

(1) 多年的战争使那个国家处于贫困状态。

Years of war have left the country in the state of poverty.

(2) 在医生的治疗下,他正处于恢复状态。

Under the doctors' care, he is in recovery.

▶ 回答下列问题。

Answer the following questions.

(1) 你认为你的中文正处于什么状态?

_____。

(2) 中国的经济目前正处于什么状态?

_____。

4 于 various meaning of 于

"于"是介词,用在书面语中。"于"的意思根据上下文而定,比如"受益于"、"有助于"。有时候,"于"的意思是"在"。

于 is a preposition. It is used in written Chinese. Its meaning is determined by the context. For example, in 受益于 (benefit from), 有助于 (helpful to). Sometimes, 于 has the meaning of 在。

(1) 微软公司于1992年进入中国以来,已经在三个城市设立了代表处。

Since Microsoft came to China in 1992, it has established branches in three different cities.

(2) 她1980年生于北京。

She was born in Beijing in 1980.

▶ 把下列句子翻译成英语,注意"于"的不同意思。

Translate the following sentences into English, paying attention to the meaning of 于.

(1) 经常锻炼身体有助于健康。

_____。

(2) 杭州位于上海南部。

_____。

（3）良好的管理让这家公司在激烈的竞争中立于不败之地。

（4）她生于北京，幼年移民澳大利亚，所以她的汉语水平不高。

Language Practice 语言练习

一、词汇练习（Vocabulary Practice）

1. 把下列英语词汇和词组翻译成汉语。

   Translate the following words phrases into Chinese.

   （1）less developed countries

   （2）disparity in wealth

   （3）marginalize

   （4）great impact

   （5）rapid development

   （6）gap in rich and poor

   （7）Gross Domestic Product (GDP)

   （8）super rich

   （9）personal assets

   （10）basic medical care

   （11）industrial nations

   （12）fight against poverty

   （13）stimulate economic growth

   （14）expand opportunities

   （15）decision-making capacity

   （16）eliminate poverty

   （17）international action

   （18）international community

   （19）the World Bank

   （20）the World Trade Organization (WTO)

2. 根据课文的上下文，选择下列词语的正确意思。

   Based on the context of the text, choose the correct meaning of the following words.

(1) 全球
    a. 全世界   b. 全球化   c. 国际社会

(2) 受益于
    a. 影响   b. 得到好处   c. 边缘化

(3) 贫富鸿沟
    a. 日忧三餐   b. 财富总和   c. 贫富分化很大

(4) 恶化
    a. 不协调   b. 贫困   c. 越来越不好

(5) 首富
    a. 最富有者   b. 巨富者   c. 富可敌国

(6) 财产
    a. 资产   b. 生活费   c. 总数

(7) 适当
    a. 不足   b. 合适   c. 富有

(8) 向贫困开战
    a. 创造机会   b. 消除贫困   c. 降低危险

(9) 决策
    a. 作决定   b. 策略   c. 解决问题

(10) 增强
    a. 强大   b. 帮助   c. 提高

3. 选择合适的动词填空。

Fill in the blanks with appropriate verbs.

采取 参与 克服 刺激 降低 打击 扩大 影响

    向贫困开战可以包括以下不同的方法：一是（　　　　）经济增长，帮助穷人（　　　　）经济发展，增加穷人的资产如土地和教育，以此来（　　　　）穷人的经济机会；二是努力提高穷人对（　　　　）他们生活的决策能力；三是努力（　　　　）穷人受到疾病、经济危机、粮食歉收、失业、自然灾害和暴力（　　　　）的危险，帮助他们（　　　　）困难。总之，消除贫困需要国际社会在许多领域（　　　　）国际行动。

4. 选择合适的名词填空。

Fill in the blanks with appropriate nouns.

竞争力 贫困 债务 生产力 领域 分化

世界财富上的贫富（　　　　），造成了大量发展中国家的（　　　　）。消除贫困需要国际社会在许多（　　　　）采取国际行动。比如，发达国家应该援助最不发达国家，债权国应该减免最不发达国家的（　　　　），发达国家应该帮助最不发达国家提高（　　　　），增强国际（　　　　），促进经济发展。

二、阅读理解 (Reading Comprehension)

1. 根据课文内容判断，A栏的哪项超过了B栏？
   Based on the text, decide which figure in Columns A is bigger than the figure in Column B.

   A
   盖茨1999年的财产
   全球前三名富豪的资产
   全球前200名富人的资产

   B
   全球最贫困的26个国家
   全球41%人口资产的总和
   全球6亿多人口财富的总和
   秘鲁1999年国内生产总值

2. 找出5个例子来说明全球贫困的情况。
   Find five examples that are related to poverty.

   （1）26亿人没有医疗服务。

   （2）_____

   （3）_____

   （4）_____

   （5）_____

3. 世界银行的"反贫困"计划包括哪些内容。（多选）
   What does the World Bank "anti-poverty" plan include - choose all that applies.

   （1）采用以下哪些方法可以为贫困人口创造条件：

   a. 刺激经济发展，让穷人有更多机会参与经济活动

   b. 给穷人基本的医疗服务

   c. 增加穷人的资产（即给穷人一些钱）

   d. 增加穷人的资产（土地）

   e. 增加穷人的资产（教育）

   f. 让穷人吃饱饭

   g. 给穷人适当的住宅

(2) 贫困人口应该提高以下的能力：
  a. 有关他们生活的决策能力
  b. 有关他们工作的决策能力
  c. 有关经济全球化的决策能力
  d. 有关他们国家经济发展的决策能力

(3) 要让穷人少受以下哪些影响？
  a. 疾病   b. 经济危机   c. 粮食歉收
  d. 失业   e. 自然灾害   f. 工作困难
  g. 暴力打击   h. 教育质量低下

(4) 国际消除贫困的行动应该包括：
  a. 发达国家援助不发达国家
  b. 减免不发达的国家的债务
  c. 跨国公司应该去不发达国家投资
  d. 提高不发达国家的生产力
  e. 帮助不发达国家增强国际竞争力
  f. 减少巨富的个人资产

三、听力练习 (Listening Comprehension)

(请听录音 2-5)

根据录音2-5填入信息。

Fill out the missing information according to Audio Clip 2-5.

世界最富有国家和最贫穷国家人均收入比：

1820	
1913	
1950	
1977	
1992	72:1
1997	
2000	

(请听录音 2-6)

根据录音 2-6 填入信息。

Fill out the missing information according to Audio Clip 2-6.

世界收入比例：

国　　家	人　　口	占世界收入的比例
高收入国家		
中等收入国家		
低收入国家		

（请听录音 2-7）

根据录音 2-7 回答问题。

Listen to Audio Clip 2-7 and answer the following questions.

（1）这段录音主要是关于：

　　a. 贫困国家的健康状况和医疗服务。

　　b. 在医疗服务方面，发达国家和不发达国家的差别。

　　c. 乌干达的医疗服务和疾病。

（2）在大部分发展中国家，平均每人每年的医疗费是：

　　a. 3 美元。　　　　b. 15 美元。　　　　c. 10 美元。

四、念一念，说一说，写一写 (Reading, Speaking, and Writing)

先念下面短文，再回答问题。

Read the following passages and answer questions.

（短文（一）、（二）、（三）根据《新华社》2001 年 12 月 6 日的文章改写）

（一）

　　世界银行认为，在过去的 20 年中，经济全球化帮助许多发展中国家减轻了贫困。但是，有些最贫穷的发展中国家由于没有成功地融入全球经济，它们的经济下滑、贫困加重。因此，各国需要更好地利用经济全球化来减轻贫困。

补充生词

融入	róngrù	动	merge into

89

▶ 短文（一）的意思是：

The main idea of this passage is:

a. 发展中国家在经济全球化的帮助下都减轻了贫困。

b. 经济全球化对发展中国家的影响不一样。

c. 最近20年来，发展中国家的贫困加重了。

（二）

目前世界经济正处于第三次全球化浪潮之中。第一次全球化浪潮发生于1870到1914年，当时全球人均收入虽然增长较快，但无法解决贫困人口增长的问题。第二次浪潮发生于1950年到1980年，这次全球化浪潮加强了发达国家之间的经济融合，但也使贫穷国家严重依赖原料的出口。第三次浪潮是从1980年开始的，在此期间，许多穷国第一次成功地进入了国际制成品市场，制成品在发展中国家出口中所占的比重从1980年的25%提高到了1998年的80%以上。但这次全球化浪潮也加大了发展中国家之间的差距。

补充生词

1	浪潮	làngcháo	名	tide, wave, tendency, major social movement
2	融合	rónghé	动，形	mix together, merge, assimilation
3	原料	yuánliào	名	raw materials
4	成品	chéngpǐn	名	finished product, end product
5	差距	chājù	名	disparity, gap, difference

▶ 根据短文（二）填写信息。

Fill out the missing information according to passage 2.

全球化浪潮	日　期	发展的特点
	1870—1914年	
第二次全球化浪潮		
		发展中国家出口的制成品比重增加了。发展中国家之间的差距也增加了。

（三）

世界银行根据各国经济融入世界经济的程度把发展中国家分为两组。一组是由中国和墨西哥等24个全球化程度较高的国家组成的，人口达30亿。这些国家利用国际市场的政策和制度，因而大大提高了贸易在国内生产总值中的比重。它们的年平均经济增长率从60年代的1%提高到了90年代的5%，国民的工资不断增加，人均寿命和受教育程度已达到发达国家1960年时的水平，贫困人口不断下降。这些国家正在追赶发达国家。

另一组由其他发展中国家组成，主要包括撒哈拉以南地区、中东地区和原苏联的许多国家，人口达20亿。贸易在这些国家的国内生产总值中所占的比重仍很低。这些国家教育水平提高的速度大大低于全球化程度较高的发展中国家。世界银行认为，这些国家没有受益于全球化的主要原因是，它们的政策和管理有问题。

补充生词

| 寿命（壽命） | shōumìng | 名 | life span, life, life expectancy |

▶ 对比两组发展中国家的情况。根据短文（三）的内容把信息填入下表，然后结对活动，轮流用汉语介绍两组国家的不同。
Compare the situations of the two groups of developing nations. Based on passage 3, fill out the missing information first. Then work in pairs to talk about the differences between the two groups of nations.

发展中国家	第一组	第二组
主要国家		撒哈拉以南地区，中东地区，原苏联国家
国家的数量		——
人口		
采取的经济政策		
贸易在GDP中的比重	比较高	
90年代平均经济增长率		——
教育水平		
平均寿命		——

（四）
反全球化人士对全球化的看法

反全球化人士认为，跨国公司和国际经济组织在全球化进程的过程中，只关心经济增长和企业利润，而不关心个人的社会福利、文化和生态环境。

反全球化浪潮最先攻击的目标是跨国公司。耐克运动鞋、星巴克咖啡、麦当劳、壳牌石油……这些公司的广告使它们誉满全球，也使它们成为反全球化的首选目标。跨国公司的罪状很多：侵犯劳工权利、破坏生态环境、加剧第三世界国家的贫困、影响力超越国家之上，等等。接下来受到攻击的是世界贸易组织、世界银行、国际货币基金组织等国际经济组织，因为它们被认为是全球化进程的主要推动者，是为跨国公司服务的。

大部分反全球化人士希望改造跨国公司，使它们负起更多的社会责任。而一些极端反全球化人士则主张彻底打碎世界贸易组织、世界银行、国际货币基金组织以及现行的国际经济体制。

（根据《文汇报》2001年7月24日李道胜的文章改写）

补充生词

1	利润（利潤）	lìrùn	名	profit
2	生态环境（生態環境）	shēngtài huánjìng	名	ecological environment
3	攻击（攻擊）	gōngjī	动	attack, assault
4	罪状（罪狀）	zuìzhuàng	名	facts about a crime, charge in a indictment
5	劳工（勞工）	láogōng	名	laborers, workers
6	极端（極端）	jíduān	名，形	extreme, exceedingly, excessiveness, extremeness
7	主张（主張）	zhǔzhāng	动，名	advocate, stand for, maintain
8	彻底（徹底）	chèdǐ	形	thorough, complete
9	现行（現行）	xiànxíng	形	currently in effect, in force, in operation, active
10	体制（體制）	tǐzhì	名	establishment, system

▶ 1. 小组讨论

Group discussion

下面是一些反全球化人士的观点，你们同意吗？请把你们同意或不同意的原因写下来，然后在全班报告你们小组的意见。

The following are some anti-globalization views. Do you agree with these views? Please write down why you agree or disagree, and make an oral report in class about your group's opinion.

文章的观点	同意/不同意	原因
跨国公司只关心企业利润，不关心其他国家的文化。		
国际经济组织只关心经济发展，不关心个人的社会福利。		
跨国公司破坏生态环境。		
跨国公司侵犯劳工权利。		
跨国公司加剧了第三世界的贫困。		
跨国公司的影响力大于国家政府的影响力。		
国际经济组织都是为跨国公司服务的。		
跨国公司应该对社会负责。		
应该彻底打碎现行的国际经济体制。		

2. 假设你在帮助你的教授做一项有关全球化的研究，教授让你去采访一些人，了解他们对全球化的看法。然后根据采访的内容，写一个总结。

   Suppose you are helping a professor to conduct a study on globalization. The professor asks you to interview some people and gather their views on globalization. After the interview, you need to write a summary.

   ◎ 第一段：介绍你采访的目的。

   First paragraph: state the purpose of your interviews.

   ◎ 第二段：介绍你访问的人，以及他们的看法。

   Second paragraph: introduce the people you have interviewed and their opinions.

   比如：王先生为一家跨国公司工作，他的公司为了提高利润，一再减少劳工的福利……

   或者：李小姐在肯德基工作。她认为肯德基不但注意利润，也注意当地的文化……

   For example, Mr. Wang works for a multi-national company. In order to increase corporate profit, the company has repeatedly decreased the benefits for its employees. Or: Miss Li works at KFC. She believes that KFC not only focuses on making a profit, but also on local culture...

   ◎ 如果你访问了几个人，可以每段写一个人。

   If you have interviewed several people, you can give each interviewee a paragraph.

   ◎ 最后一段：总结这些人的看法。如果有两种意见，可以把这两种意见写出来。

   Last paragraph: summarize the interviewees' opinions. If there are two different views, you can state both.

第二单元 补充练习

一、小组讨论 (Group Discussion)

有人认为,全球化就是全球美国化。但也有人认为,这种说法不全面。无论你在哪个国家,都可以看到不同国家的文化。以下是一些全球中国化的例子。(根据《新周刊》2005年12月13日的文章改写)

(一)

越来越多的中国人像昆虫携带花粉一样走出国门,然后将花粉传播开去。在纽约,中国餐馆近六千家。老外去中国餐馆,吃的不仅是中式饭菜,还喜欢中国人吃饭时热热闹闹甚至吵吵闹闹的气氛。中餐讲究吃饭时的互动和沟通,人与人可以在饭桌旁建立良好的人际关系。

▶ 讨论问题:

(1) 这段话的主要意思是什么?
(2) 中国餐馆的气氛和其他餐馆有什么不同?
(3) 你们为什么喜欢或不喜欢中国餐馆的气氛?
(4) 你们认为在什么场所能建立良好的人际关系?

(二)

有华人的地方就有唐人街。唐人街与当地其他地方不同不在于说的话不同,也不在于方块字的招贴,而在于早起晚睡的生活场景。闻鸡起舞的故事或许是有点老套了,但中国人在老外心目中的形象基本上还是早起的鸟儿。在西班牙留学的小林说:他早上想上街吃个早餐,竟然没有餐厅营业。下午4点以后,尤其是在小城,商店纷纷打烊。过了下午6点还营业的,周末不休息的,甚至24小时营业的,不是印度人,就是中国人。

▶ 讨论问题:

(1) 这段话主要是说唐人街的情况吗?
(2) "闻鸡起舞"的意思是什么?
(3) 小林认为,西班牙人和中国或印度移民的主要差别在哪儿?

(三)

有更极端搞笑的,加拿大某大学的中国留学生在网上发帖子说:"到了这儿英语水平直线下降,粤语和山东话水平直线上升!"在多伦多的华人区里,同学是中国人,室友是中国人,的士司机是中国人,电视主持是中国人,餐厅服务员是中国人,超市小老板是中国人,女友是中国人,前女友也是中国人,甚至大学教授也是中国人! 看看四下里大多是中国面孔,教授冒出一句山东话:"我就用中文讲吧……"

▶ 讨论问题:

(1) 这位中国留学生去了加拿大以后,他的英语水平提高了吗?

(2) 他不能提高英语水平的主要原因是什么?

(3) 你们想一个人去国外留学,最好住在什么样的社区(community)里?

二、听力练习 (Listening Comprehension)

(请听录音 2-8)

根据录音2-8回答问题。

Answer the questions based on Audio Clip 2-8.

(1) 杜邦公司哪年在北京设立办事处?

(2) 现在杜邦公司在中国有几家办事处?

(3) 杜邦公司在中国有多少家独资/合资企业?

(4) 杜邦公司在中国的总投资是多少美元?

(5) 杜邦公司在中国有多少员工?

(请听录音 2-9)

根据录音2-9,判断下列句子是否正确。

Based on Audio Clip 2-9, decide if the following statements are true or false.

(1) 王冰虽然在中国上大学,但是她的毕业文凭是国外大学的。

(2) 王冰目前在吉林省的一所大学上学。

(3) 王冰上的课都是用英语讲的,所以她觉得有点吃力。

(4) 本土化留学在中国越来越受欢迎。

(5) 本土化留学的意思是在中国或者外国读书,拿外国文凭。

三、念一念,说一说,写一写 (Reading, Speaking, and Writing)

(一)

韩国数万名农民示威　反对全球化

在韩国首都首尔(汉城),数万名农民举行集会,反对全球化,并且反对政府开放农产品市场。

除了大米市场以外,一直受到政府保护的韩国农产品市场已经慢慢开放。这次示威的组织者指出,在开放市场之前,韩国农民的负债平均每人每年七千美元,而现在达到了三万美元。那些失去工作的农民进入城市以后,往往从事低收入的工作。除了在首尔抗议,一千五百名韩国农民还准备前往香港,在世贸部长级会议期间抗议。

韩国政府官员表示,韩国的农业生产力水平一向很低,一直靠政府补助,特别是大米,目前的价格是中国的八倍。全球化是一个趋势,政府已经为农民提供了一整套的补偿措施,帮助他们度过这段困难时期。全球化以及自由贸易的趋势迫使韩国农民透过开放来面对国际竞争,虽然农民认为很难适应,但是这种趋势不会改变。

(根据《凤凰网》2005年11月16日的文章改写)

▶ 下面哪些情况跟韩国农民参加反对全球化示威有关?
Which of the following is related to Korean farmers participating in the anti-globalization demonstration?

a. 韩国的农产品市场慢慢地向国际市场开放了。

b. 目前韩国的大米市场没有向国际市场开放。

c. 韩国政府保护韩国的农产品市场。

d. 农产品市场的开放使韩国农民的负债越来越高。

e. 韩国农民进入城市以后,找不到高收入的工作。

f. 韩国的农业生产力很低。

g. 韩国政府补助农民从事农业生产。

h. 韩国的大米价格是中国的八倍。

i. 韩国政府为农民提供了许多补偿措施。

j. 韩国农民很难适应全球化以及自由贸易。

（二）

美国人对沃尔玛的态度

在普通的美国小镇，街道上代代相传的小店是镇上居民和附近的农民日常用品的传统提供者。这种商业是小镇文化的一部分。但沃尔玛的到来使小店倒闭，周围几十英里范围的人们驾车来到沃尔玛，造成小镇周围的交通拥挤和空气污染。

沃尔玛超级市场有很大的停车场。店堂面积巨大，商品种类齐全，从衣服、食品、医药、化妆品，到汽车零件、五金工具，有些沃尔玛超市还卖生熟肉类蔬菜食品。包揽了所有生活必需品，也就包揽了人的生活。所以沃尔玛的影响，事实上已经超出了零售，成为塑造生活方式的一部分。当沃尔玛开设了超级购物中心以后，附近小镇主街便萧条下去，原来的文化衰败了。这样逐渐破坏了小镇独特的传统社区生活方式和整个城区的历史。

这是在许多美国小镇发生过的事。美国人认识到，他们应该爱护自己百年的小镇，爱护他们的历史，爱护他们的生活方式。因此越来越多的居民抵制沃尔玛去他们的小镇开店。

（根据《全球财经观察》2005年3月9日姚渊的文章改写）

1. 这篇短文提到，去沃尔玛购物和去小镇的主街购物有什么差别？
   According to the article, what are the differences of shopping at Wal-Mart and shopping on the Main Street?

	去小镇主街购物	去沃尔玛购物
交通		
空气		
停车		
店堂面积		
商品种类		
生活方式		
其他		

2. 作文
   Composition
   你认为，沃尔玛去国外之后，可能会给当地的商店带来什么影响？
   In your opinion, if Wal-Mart is expanding to other countries, what impact it may have on local shops?

（三）

沃尔玛在墨西哥

1991年，沃尔玛开始建立海外分店，第一家就在墨西哥城。那年，墨西哥沃尔玛的营业额已占到全墨西哥超市营业额的一半以上。人们放弃了到菜市场买肉买菜的老习惯，转而到沃尔玛去买便宜的冷冻食品。墨西哥很快就成为沃尔玛全球扩张成功的典型。沃尔玛在墨西哥的公司被本土化地称为沃尔墨(Walmex)。

2001年沃尔墨总收入为107亿美元，净利润4.5%。而沃尔玛的平均利润为3.5%，沃尔墨是世界各地分公司中最好的。到2002年，沃尔墨成为墨西哥最大的私营企业，其销售额占墨西哥国民生产总值的2%，并控制了墨西哥所有零售销售中的6%。

墨西哥人口年轻，多在40岁以下，他们愿意消费，又十分注重价格。"低价，永远低价"的沃尔玛最能满足这样的消费要求，所以很快发展起来。在墨西哥城，喜欢消费的人群充满沃尔玛。到沃尔玛购物，即使要交大笔停车费，也不一定能有车位。除在墨西哥城开设了超级购物中心之外，沃尔玛还在墨西哥各地开设了500多家分店。

（根据《全球财经观察》2005年3月9日姚渊的文章改写）

▶ 辩论

Debate

把全班同学分成两组，各选一种观点进行辩论。
Divide the class into two groups, and let each group choose one view to hold a class debate.

观点一：

　　墨西哥人喜欢消费，同时又注意价格。沃尔玛能提供便宜的消费品，所以很受墨西哥人欢迎。我们认为：不是沃尔玛需要墨西哥，而是墨西哥需要沃尔玛。

观点二：

　　墨西哥人虽然喜欢消费，但是他们有自己的消费传统和消费文化。沃尔玛不注意墨西哥的文化，只考虑企业利润，结果破坏了墨西哥的传统。我们认为：不是墨西哥需要沃尔玛，而是沃尔玛需要墨西哥。

第三单元

环 境 保 护

Unit 3 Environment Protection

热身活动 Warm-up Activities

1. 讨论：你们认为以下行为对环境有正面的还是负面的影响？
Discussion: Do these actions affect the environment positively (正面 zhèngmiàn) or negatively (负面 fùmiàn)?

行　为	正面影响	负面影响
多走路，多骑车，少开车。		
不坐公共交通，只开私家车。		
每天吸一包烟。		
冬天烧煤取暖。		
去饭店吃饭，用一次性的餐具。		
买东西自己带口袋，不用商店的塑料袋。		
把垃圾分成可回收和不可回收的，分别处理。		
随手关灯。		
买豪华包装的礼品送人。		
开着水龙头洗衣服。		
随地扔垃圾。		
能用的旧东西尽量用，少买新东西。		
去二手店买东西。		
用天然气做饭。		
用洗衣服的肥皂水拖地板。		
为了消灭苍蝇蚊子，每天在家用杀虫剂。		

2. 提建议：能用哪些方法来减少下面的环境污染？先结对讨论，并把你们减少污染的建议（至少为减少每种污染提一个建议）写下来，然后在全班报告你们讨论的结果。
Make a suggestion: How can you reduce environmental pollution? First, discuss in pairs and list at least one suggestion for each type of pollution. Then report your suggestions to the class.

Useful words

污染	wūrǎn	pollution
大气（大氣）	dàqì	atmosphere
空气（空氣）	kōngqì	air
固体废物（固體廢物）	gùtǐfèiwù	solid waste
噪声（噪聲）	zàoshēng	noise

◎ 水污染
   减少污染的方法：＿＿＿＿＿＿＿＿＿＿＿＿＿＿＿＿＿＿＿＿＿＿＿＿

◎ 大气污染
   减少污染的方法：＿＿＿＿＿＿＿＿＿＿＿＿＿＿＿＿＿＿＿＿＿＿＿＿

◎ 空气污染
   减少污染的方法：＿＿＿＿＿＿＿＿＿＿＿＿＿＿＿＿＿＿＿＿＿＿＿＿

◎ 固体废物污染
   减少污染的方法：＿＿＿＿＿＿＿＿＿＿＿＿＿＿＿＿＿＿＿＿＿＿＿＿

◎ 噪声污染
   减少污染的方法：＿＿＿＿＿＿＿＿＿＿＿＿＿＿＿＿＿＿＿＿＿＿＿＿

Dialogue 对 话

汤姆坐出租车出去办事。在车上，他和司机聊天。

汤姆：现在不是上下班时间，路上还这么挤。每天都是这样吗？

司机：差不多吧，周末好一些。前几天，报上说，中国机动车的数量每年增加17%。以前大家坐公共汽车或者骑车上班，现在自己开车上班的人越来越多了。我邻居上个月也买了一辆车。

汤姆：我看北京的公共交通挺方便的，出租车又多，真没必要自己开车。

司机：那得看你住哪儿了。要是住在市中心，坐公共汽车、地铁都很方便。可是要是住在新开发的郊区，公共交通还不够发达，自己有辆车就方便多了。

汤姆：有道理。我看，只要公共交通方便了，开车的人自然会减少。

司机：不过有人买车也不仅仅是为了方便，而是为了享受现代化生活。比方说我邻居，她上下班还是坐公共汽车，但是到了周末，开车带着孩子、父母想去哪儿就去哪儿。有车给她带来了自由的感觉，这是一种新的生活方式。

汤姆：但是如果开车的人多了，一定会影响空气质量。北京政府有没有采取措施来减少由废气排放带来的城市空气污染？

司机：有啊，一方面是在生产汽车的时候，提高汽车的质量标准，减少废气排放量。另一方面，是提高汽油的质量，实行汽油无铅化。其实现在大家都挺关心环境问题的。政府还采取了一些其他措施，以前北京人一般都烧煤取暖、做饭，现在多数都改烧天然气了，这也大大减少了北京的空气污染。

汤姆：哟，你有，前边在施工，我们得改道绕过去吧？北京到处都在盖楼修路。

司机：要成为一个现代化的大都市，北京的基础设施得跟上。再说，最近十多年来，北京经济发展迅猛，大量的人流和物流给北京的环境带来了很大的压力。饮用水、道路、通信设备、能源供应、交通等等，都得跟上。

汤姆：是啊，无论哪儿，居民一多，那么多人要喝水，要住房子，要坐车，要打电话，还要处理污水、垃圾，环境总会受影响。所以现在世界各国都很关心城市化和环境保护之间的关系。

司机：那么世界上其他国家用什么方法来保护环境呢？

汤姆：各种方法都有。简单地说，就是提倡绿色生产和绿色消费。绿色生产和绿色消费都是为了不污染环境，不浪费资源。另外，还要改变人们的价值观，为了后代，保护好地球的自然资源和生态环境。

司机：哎，你是要到东三街吧？前边就是。

汤姆：你就停在前边吧。给你钱。

司机：好，这是发票，请带好你的东西。

汤姆：谢谢，很高兴有机会跟你聊天。再见。

司机：再见。

Vocabulary List 生词表

1	机动车（機動車）	jīdòngchē	名	automotive vehicle
2	发达（發達）	fādá	动，形	developed
3	措施	cuòshī	名	measure, step
4	废气（廢氣）	fèiqì	名	(auto) exhaust
5	排放	páifàng	动	discharge
6	铅（鉛）	qiān	名	lead
7	天然气（天然氣）	tiānránqì	名	natural gas
8	施工	shīgōng	动	construction, work on construction
9	基础设施（基礎設施）	jīchǔ shèshī		infrastructure
10	能源	néngyuán	名	energy, energy resources
11	处理（處理）	chǔlǐ	动，名	arrange (things), solve (a problem), handle, deal with, treatment
12	污水	wūshuǐ	名	waste water, sewage
13	后代（後代）	hòudài	名	later generations, descendants

3.1 保护环境 以步代车

参加工作十多年了，眼看着周围的朋友一个个都成了"有车族"。而我呢，依然以步代车。

有朋友劝我："你的家庭负担不重，收入也算过得去，为何不买辆车呢？"

我回答得很干脆："没必要。"

我国是人口大国、能源消耗大国，却又是能源匮乏的国家。人均石油资源仅相当于世界平均水平的7.7%。石油又是不可再生能源，如果现在我们毫无节制地滥用，实际上就是"寅吃卯粮"，把本应留给子孙后代的资源财富，在我们手里挥霍一空。

石油资源的过度消耗，不仅影响到子孙后代的生存与发展，对现代人的生活环境也产生了严重影响，比如：空气污染，交通拥挤等等。人们在痛快享受的同时，也在吞食自己一手造成的"苦果"。

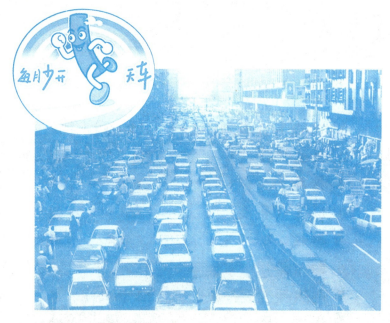

因此，无论是顾及眼下还是着眼长远，"省"应当成为我们每个人的消费理念和行为准则。拿买汽车来说，大车尽管豪华，可"喝"的油却要比普通车多很多。因此，即使你手头富得流油，为了我们的后代，为了可持续发展，还是选择小车吧。再如，那些有车族，能不能尽量减少出行次数？这不光是省几个钱的问题，也是公德心的体现，节约了能源，就是为社会做出了贡献！

令人欣喜的是，6月5日，北京上万人参加了"每月少开一天车"的活动，政府官员、地产大亨、普通学生花几十分钟步行或乘公交上班、上学。

少开一天车，虽然不能从根本上解决能源问题，但如果每个人都从我做起，从点滴做起，那又会是什么状况？

（根据《人民日报》2006年6月12日王慧敏的文章改写）

Vocabulary List 生词表

1	依然	yīrán	副	still, as before
2	消耗	xiāohào	动	consume, use up, deplete, depletion, drawdown
3	匮乏（匱乏）	kuìfá	形	lacking, deficient
4	毫无（毫無）	háowú	副	without, not in the least, not a bit, without a fraction of
5	节制（節制）	jiézhì	动	check, restriction, control
6	滥用（濫用）	lànyòng	动	abuse, misuse, use indiscriminately
7	寅吃卯粮（寅吃卯糧）	yínchīmǎoliáng	固	eat next year's food; draw one's pay in advance, borrow against future income
8	挥霍一空（揮霍一空）	huīhuòyīkōng	固	spend lavishly, spend freely
9	过度（過度）	guòdù	形	excessive, lavishly, over the limit
10	吞食	tūnshí	动	swallow, devour, absorb
11	苦果	kǔguǒ	名	bad consequence, painful result
12	顾及（顧及）	gùjí	动	take care of, look after, attend to, give consideration to
13	眼下	yǎnxià	名	at the moment, at present
14	着眼（著眼）	zhuóyǎn	动	have sth. in mind, consider
15	理念	lǐniàn	名	idea, rational concept
16	行为（行爲）	xíngwéi	名	action, conduct, behavior
17	准则（準則）	zhǔnzé	名	norm, standard, criterion
18	可持续发展（可持續發展）	kěchíxū fāzhǎn		sustainable development
19	公德心	gōngdéxīn	名	regard for public welfare, civilmindedness
20	体现（體現）	tǐxiàn	动, 名	embody, reflect, realization
21	状况（狀況）	zhuàngkuàng	名	condition, state (of affairs)

语言注释 Language Notes

1 相当于 equal to, equivalent to

(1) 根据2006年的一则报道，瑞士300名富豪的资产相当于该国一年的国内生产总值。
According to a report in 2006, the assets of 300 wealthiest Swiss are equal to Switzerland's GDP in that year.

(2) 你知道一公斤相当于几磅吗？
Do you know how many pounds a kilogram is equal to?

2 尽管……可是…… although

"尽管……可是……"的用法和意思跟"虽然……可是……"相似。
The use and meaning of 尽管……可是…… are similar to 虽然……可是…….

(1) 尽管这次考试我没有考好，可是我还是要感谢老师和同学对我的帮助。
Although I didn't do well in this test, I would still like to thank my teacher and classmates for helping me.

(2) 尽管这种食品的营养结构不太好，可是因为味道很好，不少人仍然爱吃。
Although the food does not have good nutrition, many people still like to eat it because of its great taste.

▷ 用"尽管……可是……"来总结下列情况。
Use 尽管……可是……to summarize the following situations.

(1) 她有很多钱，她常常觉得钱比任何人都重要，所以她没有很多朋友。
_____。

(2) 小王非常聪明，但是工作态度有点儿问题，所以同事们都不怎么喜欢她。
_____。

(3) 今天他有事不能来参加你的生日晚会。他让我给你带来一个礼物。
_____。

(4) 用宽带上网比较快。但是因为宽带的费用比较高，很多中国网民还是选择用电话线上网。
_____。

第三单元　环境保护

Language Practice　语言练习

一、词语练习 (Vocabulary Practice)

1. 用汉语说出下列词组的意思。

   Explain the meaning of the following words/phrases in Chinese.

   （1）有车族　　（2）寅吃卯粮　　（3）以步代车　　（4）挥霍一空

   （5）公德心　　（6）能源匮乏　　（7）苦果　　　　（8）从点滴做起

2. 找出 5 个跟环境保护有关的词汇。

   Find five words that are related to environmental protection.

   _____　_____　_____　_____　_____

3. 选词重写句子。

   Use a better word to rewrite the sentences.

   有些词比较一般化，比如"好、坏、不多……。"这些词在一般的场合都可以用，但是有时候这些词表达的意思不够精确。你的任务是学会用更生动的词来描写一种情况。请选择合适的词来代替画线的词。

   Despite their common usage, the meaning of some words such as "good, bad, and not many..."is imprecisc. These general words can be used in many situations, but they tend to lack exactness and can be boring. Your task is to learn how to use more descriptive words. Please replace the underlined words in the sentences with appropriate words from the list.

   > 污染　匮乏　豪华　毫无节制　严重　挥霍一空

   （1）中国是一个能源消耗大国，而且中国的能源<u>不多</u>。

   （2）如果我们现在用能源用得<u>太多</u>，子孙后代的资源就会被我们<u>用完了</u>。

   （3）过多消耗能源会对人们的生活环境产生<u>不好</u>的影响。

   （4）拿买汽车来说，虽然大车<u>很好</u>，但是消耗的油比小车多。

   （5）有车族的增加会使空气<u>不好</u>。

二、阅读理解 (Reading Comprehension)

1. 根据课文内容，判断下列句子是否正确。

   Based on the text, decide whether or not the following statements are true.

   （1）作者 (author) 的朋友认为只要一个人有钱，就应该考虑买车。

   （2）中国人口多，消耗的能源多，好在中国的能源资源也很多。

107

(3) 如果人们不节省石油资源，就有可能把石油资源挥霍一空。

(4) 石油资源虽然匮乏，但是因为是可再生能源，所以没必要太担心。

(5) 过度消耗石油资源，不但对子孙后代的生存发展，也对现代人的生活环境有严重影响。

(6) 作者认为，有车族的增加会带来空气污染、交通拥挤等问题。

(7) 现代人痛快享受生活不会带来"苦果"。

(8) 为了节约能源，有车族应该尽量买小车，尽量减少出行次数。

(9) 节约能源已经成为有车族的消费理念和行为准则。

(10) 要解决能源问题，需要从每个人、每件事做起。

2. 请选择并完成句子。

   Please choose the correct ending to complete each sentence.

   (1) 眼看着他的朋友最近都买了新车，而他 _____。
       a. 也打算买一辆小车。　　　　　b. 还开着一辆旧车。

   (2) 过度消耗自然资源不仅影响后代的生存，而且 _____。
       a. 影响现代人的生活环境。　　　b. 鼓励大家以步代车。

   (3) "有车族"的增加对环境产生了严重影响，比如：_____。
       a. 选择小车，节省能源。　　　　b. 空气污染、交通拥挤。

   (4) 当我们在痛快享受豪华车的同时，也 _____。
       a. 节省了石油资源。　　　　　　b. 消耗了石油资源。

   (5) 尽管大车很豪华，可是 _____。
       a. 消耗的能源比较多。　　　　　b. 你的手头富得流油。

   (6) 减少出行次数，不光是省了钱，也是 _____。
       a. 吞食自己造成的"苦果"。　　b. 体现保护资源的公德心。

三、听力练习 (Listening Comprehension)

(请听录音 3-1)

请听录音3-1，把你听到的有关节约用电的建议用你的母语记下来，然后在小组里，用汉语把听到的建议综合起来，选一个代表在班里报告。十条建议都记下来的小组获胜。While listening to Audio Clip 3-1, take notes in your native language on the electricity-saving suggestions provided. Compare your notes in small groups, write down all the suggestions in

Chinese, and choose a representative to report in class. The group that has recorded all of the ten suggestions is the winner.

节约用电的十条建议

(1) _____
(2) _____
(3) _____
(4) _____
(5) _____
(6) _____
(7) _____
(8) _____
(9) _____
(10) _____

四、阅读理解 (Reading Comprehension)

(一)

20多年经济快速发展，加上所拥有的世界上最庞大的消费人口，中国目前已经成为世界第二大能源消费国。据有关专家统计，2004年中国能源消费总量为19.7亿吨，其中，煤炭18.7亿吨，同比增长14.4%；原油2.9亿吨，增长16.8%；天然气415亿立方米，同比增长18.5%。2001到2004年中国能源消费年均增速高达9.89%，2003年和2004年分别达到13%和15.2%。

（根据《人民网》2005年8月1日的文章改写）

▶ 这段短文的主要内容是：

The main idea of the paragraph is:

a. 中国的能源消费年均增速高达9.89%。
b. 快速的经济发展使中国成为能源消费大国。
c. 2004年中国能源消费的总量和同比情况。

(二)

在能源消耗急剧增长的今天，人类对能源的需求越来越多，电能和其他动力性能源，已成为我们生活中不可缺少的必须能源消耗品,我们的生活方式越来越依赖于电能给自己带来的便利,可是,在这样的依赖和便利背后,我们不知不觉地给自己的生活环境造成了可怕的破坏,空气中的有害气体和烟尘量增加了。同时本来应属于我们子孙的一份埋在地下的发展基金也越来越少。于是,人们认识到_____
_____。

(根据《大众科技报》网站的文章改写)

▶ 你认为应该用以下哪句话来结束这一段落?

Which of the following sentences should be used to complete the above paragraph?

a. 消耗能源是为了现代人的生活便利。

b. 人类对能源的需求正在不断提高。

c. 节约能源应该成为人类社会可持续发展的一个重要方面。

(三)

我国资源节约的潜力很大。资源消耗高、浪费大的根本原因是生产和消费方式不合理,造成极大浪费,如在严重缺水地区大上高耗水项目,城市建设贪大求洋,汽车消费追求豪华型,住房消费过分追求高标准、大面积、过度包装、讲究排场、大吃大喝等。近两年由于经济快速增长,能源、淡水、土地、矿产等资源不足的矛盾越来越突出。资源的高消耗造成环境的高污染,给人民群众的健康带来严重危害。

(根据《人民网》2005年8月1日的文章改写)

▶ 1. 请从以上段落中找出5个浪费能源的例子。

List five examples of wasting energy from the above paragraph.

(1) 在缺水的地区建设高耗水的项目。

(2) _____

(3) _____

(4) _____

(5) _____

2. 这段短文认为,浪费资源的根本原因是:

a. 资源的高消耗造成环境的高污染。

b. 生产和消费方式不合理。

c. 过度包装、讲究排场、大吃大喝。

五、读一读，说一说 (Reading and Speaking)

在上海浦东香格里拉大酒店，不同的垃圾箱分别用于回收干垃圾、湿垃圾或再造纸、再用纸；在上海希尔顿大酒店的客房里，一个布条提醒人们："如果您的毛巾需要继续使用，请挂起来，如果不再继续使用，请放在地上"；在王宝和大酒店，一次性牙刷用不同的颜色区分开来，连续入住的客人可根据颜色辨别出哪把牙刷自己已经使用过，以提高同一把牙刷的使用率。在上海各行各业纷纷为建设节约型社会出力的同时，上海的饭店也变得越来越"绿色"。

上海银星皇冠假日大酒店副总经理朱平说："我从事酒店行业近14年，去过欧美以及东南亚的许多高星级酒店，发现那里很多豪华酒店并不提供很多一次性用品，非常注意环保。"他发现，国内有些饭店浪费资源的现象比较严重，比如饭店客房的一次性肥皂只用了很少一点就扔掉，洗浴液大量剩余等等。

朱平建议，上海饭店可通过与客人的互动来倡导环保。比如，在客人入住的房间放一封感谢信，感谢客人和饭店一起支持环保，请客人尽量少用一次性用品、少更换毛巾或床单等。

为了减少洗涤物污染，本市高星级酒店中已有约83%的酒店在客房和卫生间内放置"绿色环保卡"，提示客人可多次使用床单、毛巾等客房用品，以减少这些用品的洗涤次数。

从我做起，从节约一度电、一张纸、一把牙刷……做起。大家都在为提高资源利用率，为把上海建设成节约型城市而努力。

（根据《人民网》2005年7月17日的文章改写）

补充生词

1	出力	chūlì	动	exert oneself, put forth one's strength
2	互动（互動）	hùdòng	动	interact; interaction
3	倡导（倡導）	chàngdǎo	动	initiate, propose, promote
4	提示	tíshì	动,名	point out, prompt, reminder

1. 选择所有合适的回答。

   Choose all answers that are correct.

   上海的酒店是否用以下方法来节约资源？

   a. 提示客人可以多次使用床单。

   b. 请客人尽量少看电视，少开电灯。

   c. 不为客人提供一次性用品。

d. 用不同的垃圾箱回收不同的垃圾。

e. 让客人把需要继续使用的毛巾挂起来。

f. 大量剩余洗浴液。

g. 减少可多次使用的客房用品的洗涤次数。

h. 用不同的颜色来提高一次性牙刷的使用率。

i. 在客房内放置"绿色环保卡"。

j. 请客人尽量少用一次性用品。

k. 请客人不要浪费水。

l. 请客人不要大吃大喝。

2. 小组讨论

Group discussion

（1）请先在小组内为上面的短文写一个标题。各小组决定了标题以后，在班里交流。然后全班讨论，从各小组的标题中选定一个。

Work in groups to come up with a title for the above article. Each group should then report their title to the class, and the class should determine the best title.

（2）你们认为使用一次性商品有哪些好处和坏处？把你们讨论的结果写在下面的表格中，然后选一个代表在班里报告。

What are the advantages and disadvantages of using disposable products? Please use the following table to take notes, and select one representative to make an oral report in class.

使用一次性产品的好处	使用一次性产品的坏处

3. 提建议。

Make a few suggestions.

王先生是一名中国商人。他打算在一个生态旅游区开设一家"绿色"酒店。他希望了解一下国外的"绿色"酒店采取哪些方法来节省资源，保护环境。请你们给他提一些建议。

Mr. Wang, a Chinese businessman, plans to open an "environmentally friendly" hotel in an eco-tourist area. He would like to know how "green" hotels in other countries save energy and protect the environment. Please give him some ideas.

把你们的建议写下来以后，在班里交流。看一看，哪个小组提的建议最多。

Write down your suggestions to share with the class. Let's see which group has come up with the largest number of suggestions.

节省资源、保护环境的方法

(1) _____
(2) _____
(3) _____
(4) _____
(5) _____
(6) _____
(7) _____
(8) _____
(9) _____
(10) _____

六、写作文 (Write a composition)

写一篇作文（150—200字），介绍一下你的社区采取了哪些方法来节省资源。

Write a 150-200-word composition describing measures your community has adopted to save natural resources.

请尽量采用下列词语或词组。

Please try to use the following words and phrases.

> 节省　消耗　再生　回收　资源
> 可持续发展　环境　尽量
> 为……做贡献　不仅……也……　从……做起

3.2 电子垃圾危害巨大

中国的电子产品制造业,正面临着如何处理"电子垃圾"的考验。

欧盟从2005年开始实施新法律,规定废手机、废彩电、废电脑等废旧家电属于危险废物,市民不能随意变卖或者丢弃,必须交给特别的部门回收处理。在不少发达国家,电器制造商、经销商有义务对电子垃圾的回收处理承担"延伸责任"。而在中国,绝大多数的电子产品制造商和消费者缺乏如何正确处理废旧电子产品的意识。

中国是世界上最大的电子产品生产和消费国之一。预计今后几年内将迎来一个家电新旧更替的高峰,届时将有数以百万计的废旧家电垃圾产生,这将成为一个棘手的环境问题。目前人们用两种方法处理电子垃圾:一是囤积在家中或单位里,二是卖给"家电回收小贩"。后一种方法往往是小贩把废旧电器卖给黑工厂。黑工厂在拆除了可回收的贵金属之后,就随意丢弃焚烧这些电子垃圾,造成土壤、大气和地下水的严重污染。

电子垃圾给环境带来的危害已经引起人们的重视。近日中国的两家电器公司:苏宁电器和TCL集团呼吁国家尽快立法,让全社会重视电子垃圾的危害。同时这两家公司率先在北京推出"我消费、我环保——回收您家中的电子垃圾"大型环保促销活动,为消费者提供每台老旧电器最高500元的购机补贴。他们计划要在全国陆续展开这一活动,促进国内的制造商和消费者跟国际环保消费理念接轨。

(根据《北京青年报》2005年07月20日的文章改写)

第三单元 环境保护

Vocabulary List 生词表

1	随意（随意）	suíyì	形	at will, as one pleases, according to one's wishes
2	变卖（變賣）	biànmài	动	sell off (one's property)
3	丢弃（丟棄）	diūqì	动	abandon, discard
4	回收	huíshōu	动	recover, reclaim, recoup, recycle
5	责任（責任）	zérèn	名	duty, responsibility, obligation
6	更替	gēngtì	动	replace
7	届时（屆時）	jièshí	副	at the appointed time, on the occasion
8	棘手	jíshǒu	形	thorny, troublesome
9	囤积（囤積）	túnjī	动	store up, stock
10	呼吁（呼籲）	hūyù	动	appeal, call on, plead for, urge
11	立法	lìfǎ	动	legislate, legislation
12	陆续（陸續）	lùxù	副	one after another, in succession, in turn
13	展开（展開）	zhǎnkāi	动	develop, carry out
14	接轨（接軌）	jiēguǐ	动	connect (rails), come close to, become the same

Language Notes 语言注释

届时 when time comes, at the time of

"届时"常用在书面语中。

届时 is often used in written Chinese.

(1) 环保大会定于23日开幕。届时将有3000多名来自各国的代表参加。

The environmental protection conference will be held on the 23rd. At that time, more than 3000 delegates from different countries will attend the conference.

(2) 本店定于1日开张，欢迎届时光临。

Our store will open on the 1st. Please come on that day.

▶ 完成下列句子。

Complete the following sentences.

(1) 小王和小李定于十月一日结婚。届时_____。

（2）明天对外汉语系要举行汉语演讲比赛，届时 _____
_____。

（3）中国的电器更换高峰快要到来了，届时 _____。

（4）听说下个星期的研讨会要讨论电子垃圾的问题，届时 _____
_____。

语言练习 Language Practice

一、词语练习 (Vocabulary Practice)

1. 把下列词语翻译成汉语。

   Translate the following words and phrases into Chinese.

   （1）E-waste

   （2）European Union

   （3）Implement laws

   （4）Hazardous waste

   （5）Electric appliance manufacturers

   （6）Consumer

   （7）Extended responsibility

   （8）Illegal factory

   （9）Peak

   （10）Recyclable

   （11）Land pollution

   （12）Underground water pollution

   （13）Atmosphere pollution

   （14）Catch people's attention

   （15）Lack the concept of environmental protection

   （16）Discard waste at will

   （17）Replace the old with the new

   （18）Burn trash

2. 找出3个跟下列问题或活动有关的词或词组。

Find three words/phrases that are related to the problems or activities listed in the left column.

问　　题	词/词组		
电子垃圾的来源			
处理废旧家电的不正确方法			
不正确处理废旧家电对环境的危害			

3. 给下列动词选择合适的名词组成动宾词组。

Choose appropriate nouns to form verb-object phrases.

(1) 处理

　　a. 电子垃圾　　　　b. 问题　　　　c. 消费

(2) 面临

　　a. 考验　　　　b. 意识　　　　c. 高峰

(3) 实施

　　a. 活动　　　　b. 法律　　　　c. 规定

(4) 承担

　　a. 义务　　　　b. 责任　　　　c. 理念

(5) 造成

　　a. 垃圾　　　　b. 危害　　　　c. 污染

(6) 缺乏

　　a. 意识　　　　b. 法律　　　　c. 理念

(7) 展开

　　a. 活动　　　　b. 发展　　　　c. 法律

(8) 提供

　　a. 补贴　　　　b. 帮助　　　　c. 服务

二、阅读理解 (Reading Comprehension)

1. 课文谈到中国和欧盟国家处理电子垃圾的方法不同。请你从课文中找出三个不同。
   The text explores different ways in which China and the EU countries dispose E-waste. Please list three specific differences.

	中国处理电子垃圾的方法	欧盟处理电子垃圾的方法
(1)		
(2)		
(3)		

2. 根据课文内容选择正确的回答。
   Choose correct answers based on the text.

   (1) 这篇课文的主要内容是关于：
   　　a. 中国应该有关于如何处理"电子垃圾"的法律。
   　　b. 中国应该重视如何处理"电子垃圾"的问题。
   　　c. 中国电子产品制造公司应该搞回收电子垃圾的促销活动。

   (2) 欧盟有关处理废旧家电的法律规定：
   　　a. 废旧家电必须由特别的部门回收处理。
   　　b. 废旧家电可以卖给家电回收小贩。
   　　c. 电器制造商可以处理废旧家电。

   (3) 中国在今后几年内将面临处理电子垃圾的考验，因为：
   　　a. 中国有些黑工厂随意焚烧电子垃圾。
   　　b. 不少中国居民把电子垃圾囤积在家中或单位里。
   　　c. 家电新旧更替的高峰快要到来了。

   (4) 绝大多数的中国电子产品消费者：
   　　a. 已经认识到电子垃圾给环境带来的危害。
   　　b. 不知道如何处理电子垃圾。
   　　c. 呼吁国家尽快立法，回收电子垃圾。

   (5) 黑工厂在买进废旧电器后：
   　　a. 又卖给家电回收小贩。
   　　b. 拆除了可回收的部分后，随意丢弃废旧电器。
   　　c. 囤积在工厂，或工人的家里。

(6) 随意焚烧或丢弃电子垃圾会造成：

　　a. 土壤、大气、地下水的严重污染。

　　b. 土壤、空气、河水的严重污染。

　　c. 土壤、天然气、空气的严重污染。

(7) 电子垃圾对环境的危害：

　　a. 引起了人们的重视。

　　b. 使得人们跟国际消费理念接轨。

　　c. 促使中国政府承担处理电子垃圾的"延伸责任"。

(8) 苏宁电器和TCL集团的促销活动是为了：

　　a. 给消费者提供500元购机补贴。

　　b. 在全国陆续展开促销活动。

　　c. 帮助消费者提高环保意识。

三、听力练习 (Listening Practice)

（请听录音 3-2）

1. 根据录音3-2，填入适当的词。

Listen to Audio Clip 3-2 and fill in the missing words.

　　2005年4月1日，中国开始（　　）新的《固体废物污染环境防治法》。防治法规定，废手机、废（　　）、废电脑等废旧家电属于（　　）废物，市民不能随意变卖（　　）丢弃，必须交给专门的危险废物（　　）单位处理。尽管目前大部分中国（　　）仍然把旧家电卖给家电回收（　　），但是随着人们对环境保护越来越（　　），中国人的意识也在改变。

2. 这段录音的主要意思是：

The main idea of the audio clip is:

a. 中国人把废家电卖给家电回收小贩。

b. 中国制定了有关处理废家电的新法律。

c. 中国有专门处理危险废物的单位。

四、读一读，说一说，写一写 (Reading, Speaking, and Writing)

（一）

电子垃圾高峰来临　北京年报废家电300万台

北京是家电消费的大市场，也是家电淘汰的大市场，年淘汰家电300万台。如果处理不当，这些废旧家电将严重污染环境。昨天记者获悉，一个年处理废旧家电能力达120万台的电子垃圾处理厂年底将在北京经济技术开发区建成。

"电子垃圾的高峰"已经来临。根据专家预测，2006年北京产生的电子废弃物达11.52万吨，其中包括357.6万台电视机、电冰箱、洗衣机、空调器、电脑，另外还有234.5万部手机。而到2010年，电子废弃物的数量将上升为15.83万吨。

废电器中的有毒物质对环境和人体健康危害极大。有些黑工厂拆除了可回收的贵金属后，废弃物随意丢弃焚烧，造成土壤、大气和地下水的严重污染。

为了正确处理电子垃圾，北京将建立电子垃圾处理厂。预计这一工厂今年年底可以建成。

（根据《北京晚报》2005年7月14日的文章改写）

补充生词

1	报废（報廢）	bàofèi	动	discard as useless, reject
2	淘汰	táotài	动	eliminate through selection or competition, dispense with, throw out
3	来临（來臨）	láilín	动	arrive, come, approach
4	焚烧（焚燒）	fénshāo	动	burn, set on fire

▶ 根据短文（一）的内容，判断下列句子是否正确。

Based on the first article, decide whether the following statements are true or false.

（1）北京是家电消费的大市场，所以也是淘汰家电的大市场。
（2）不管怎么处理废旧家电，都会严重污染环境。
（3）为了正确处理废旧家电，北京将建立一个电子垃圾处理厂。
（4）这个新建的电子垃圾处理厂可以处理北京所有的电子垃圾。
（5）据专家预测，北京的电子垃圾数量在以后几年内会上升。
（6）废旧电器危害环境和人体健康的主要原因是废旧电器中的有毒物质。

(7) 废旧电器包括电视机、电冰箱、电话、电灯、电扇、汽车、洗衣机、空调机、电脑、手机等等。

(8) 北京的电子垃圾处理厂可以减少电子垃圾对土壤、大气和地下水的污染。

（二）

电子产品，尤其是电脑已经成为了新的公害。一台电脑中含有1000多种材料，其中很多材料是有毒的。每年都有数以千万计的电脑被淘汰。由于信息技术发展的速度越来越快，电脑的淘汰速度也不断加速。以往3到5年才更新的产品，现在可能不超过18个月就会被淘汰。电子垃圾是人类面临的新问题。如果这些垃圾被随意地丢弃或者被不正确地回收，它们造成的环境危害比常规的垃圾更严重。环保人士要求制造商在设计产品的时候就要考虑到如何回收才不会对环境造成影响。有一些厂商正在尝试一种新的销售方式，即顾客在购买的时候额外付钱，这部分钱将用于电器的回收。

（根据《三思科学》电子杂志2002年3月1日柯南的文章改写）

▶ 小组讨论

Group discussion

你同意文章（二）提出的意见吗？请举一两个例子来说明你为什么同意或者不同意。
Do you agree with the opinions expressed in the above paragraph? Please use one or two examples to support your perspective.

意 见	同 意	不同意	例 子
电脑是公害。			
电脑的有些材料是有毒的。			
信息技术的快速发展加快了电脑的淘汰速度。			
电子垃圾是人类面临的新问题。			
电子垃圾对环境的危害比常规垃圾更大。			
顾客购买新电脑的时候，应该额外付钱，用来处理旧电脑。			

(三)

杭州集中处理餐厨垃圾

近年来,杭城餐饮业的发展迅猛,同时产生了大量餐厨垃圾。据估算,杭城9000余家大小饭店、酒家,每天产生餐厨垃圾700多吨,还不包括企事业单位的食堂、宾馆。

杭州市政府日前对市区的餐饮单位发放了2500份调查。从收回的1118份调查中发现,这些饭店每天产生的垃圾超过67吨。其中,大多餐厨垃圾都流向养殖业。餐厨垃圾一般放在塑料桶里,在储存、运输过程中会发生腐烂变质的现象,散发出难闻的臭味,垃圾的遗撒还影响到市容和交通。

由于餐厨垃圾的回收设备和技术的投入比较高,杭州将投入3000万元用于餐厨垃圾的集中处理。餐厨垃圾实行集中处理后,不仅能解决污染问题,还可以变废为宝。餐厨垃圾可以先进行油水分离,每吨垃圾可提炼出4%-5%的生物柴油,可用于工业,每吨的价格在1800元左右;每吨餐厨垃圾还可提炼出200到250公斤的蛋白饲料,目前市场上这种饲料的价格在1500元左右。

(根据《浙江在线》2006年8月24日的文章改写)

补充生词

1	养殖业(養殖業)	yǎngzhíyè	名	aquaculture, fish breeding and poultry raising
2	腐烂(腐爛)	fǔlàn	动	be decomposed, rotten, corrupt
3	变质(變質)	biànzhì	动	go bad, deteriorate
4	遗撒(遺撒)	yísǎ	动	leak, disclosure
5	市容	shìróng	名	appearance or condition of a city
6	生物	shēngwù	名	living things, organism
7	柴油	cháiyóu	名	diesel
8	蛋白	dànbái	名	protein
9	饲料(飼料)	sìliào	名	feed

▶ 根据短文(三)的内容回答问题。

Please answer the following questions based on Article 3.

(1) 为什么近年来杭州的餐厨垃圾越来越多?

_____

(2) 杭州平均每天要产生多少吨餐厨垃圾?

_____

(3) 目前,如何处理餐厨垃圾?
_____

(4) 用塑料桶运输餐厨垃圾有哪些问题?
_____

(5) 集中处理餐厨垃圾有什么好处?
_____

(四)

生活垃圾的增多给环境带来了严重的影响。要科学地处理垃圾,需要投入资金和技术。《上海生活垃圾处理网》开展了一项网上调查,了解你对收取垃圾处理费用的看法。

最新调查
您认为应采用哪种生活垃圾处理收费方式?
- ☐ 按每户每月平均收费
- ☐ 按在职职工收入收费
- ☐ 与水电煤等联合收费
- ☐ 按袋装垃圾规格收费
- ☐ 按消费金额比例收费

请先选择以上收费方法之一,然后写一篇150—200字的作文,说明为什么你选择的方法比其他方法合理。如果你有其他更好的方法来解决处理生活垃圾的费用,请说明,并解释为什么你的方法比上述方法合理。

Please choose an answer from the above list and write a 150-200-word composition justifying your response. If the above options do not reflect your perspective, feel free to make and defend an original suggestion.

3.3 不吃野味不放炮 过个"绿色"春节

环境的好坏与每个人息息相关，而良好的环境需要我们从生活中的点滴小事做起。我们怎么过一个"绿色"春节呢？

吃

尽管近年来人们加强了保护野生动物的意识，可春节期间购买、食用野味的事情还不少见。建议今年春节也让野生动物平平安安过年：不购买、腌制野生动物；下餐馆不点野味，串门时不食用野味，让野味从餐桌上消失。同时，随着生活水平的提高，平时一日三餐基本能满足身体各种营养的需要，没必要按照中国的老"传统"大吃大喝。大家应该过一个欢乐而又节俭的春节。

礼

春节将至，商场里摆满了各种包装精美的礼盒。很多平常简包装的食品（如酒、糖等）也披上了漂亮的外衣，为的就是人们送礼时好看。商品过度包装的问题需要引起我们的注意。在春节里送礼是人之常情，但也别一味追求好看，造成"包装灾难"。大众的消费习惯会影响厂家的生产，如果大家都不需要奢华的包装，厂家也就不会浪费资源，制造那些漂亮的垃圾了。

玩

过春节时，燃放烟花爆竹产生大量的烟尘，严重污染空气，飞散的纸屑又影响地面卫生，而且爆竹剧烈的爆炸声还造成了噪音污染。过春节可以用别的文明方式来代替传统的燃放烟花爆竹，比如用花草、彩灯、气球等来渲染节日气氛。

不少人春节将外出旅游。不管到哪个景点，都要爱护景区的一草一木，一枝一叶，而且不留下任何

垃圾废弃物，哪怕一个塑料袋，一只易拉罐，一张包装纸，统统悉心回收，只留下风景照留念，让春节旅游成为名副其实的绿色环保之旅。

用

塑料垃圾日复一日，数以亿万计。它们长年不烂，集中起来堆积如山，分散开去处处可见，随风飞扬。在我们房屋周围、马路旁边、花园的树枝草丛无处不见。塑料袋子给我们环境带来的灾难触目惊心。春节期间是走亲访友的高峰，也是购物的旺季。为图省事，人们大多喜欢用一次性塑料袋，这样做对保护环境不利。建议大家无论是走亲访友还是出门购物，都不要用塑料袋，而是用可以多次使用的手提袋，这样的袋子既牢固耐用，又保护了环境。

（根据《人民网》绿色生活王京编辑的文章改写）

Vocabulary List 生词表

1	息息相关（息息相關）	xīxīxiāngguān	固	be closely interrelated, be closely linked
2	野生	yěshēng	形	wild
3	腌制（腌製）	yānzhì	动	pickle, cure
4	节俭（節儉）	jiéjiǎn	形	thrifty, frugal, economical
5	包装（包装）	bāozhuāng	动，名	pack, packaging
6	精美	jīngměi	形	exquisite, elegant, fine
7	人之常情	rénzhīchángqíng	固	human nature; natural and normal (in human relationships), the way of the world
8	一味	yīwèi	副	blindly, persistently
9	追求	zhuīqiú	动	seek, pursue
10	渲染	xuànrǎn	动	play up, exaggerate
11	气氛（氣氛）	qìfēn	名	atmosphere, air, mood
12	统统（統統）	tǒngtǒng	副	all, completely, totally

13	悉心	xīxīn	副	devote all one's attention, with utmost care
14	名副其实（名副其實）	míngfùqíshí	固	real, true
15	日复一日（日復一日）	rìfùyīrì	固	day in and day out; from day to day
16	堆积如山（堆積如山）	duījīrúshān	固	pile up like a mountain; a large amount
17	触目惊心（觸目驚心）	chùmùjīngxīn	固	startling, shocking
18	高峰	gāofēng	名	peak, summit
19	旺季	wàngjì	名	peak period, high season
20	图（圖）	tú	动	intent, intention; plan, attempt
21	牢固	láogù	形	firm, durable, secure
22	耐用	nàiyòng	形	durable

语言注释 Language Notes

1 至 to

"至"常用在书面语中，意思跟"到"一样。

至 is used written Chinese. It has the same meaning as 到。

(1) 每晚18时至22时，是用电高峰时段。
Every evening between 18:00 and 22:00 are the peak hours for electricity use.

(2) 春节将至，我们应该考虑怎么过一个绿色的节日。
The Spring Festival is coming. We should think about how to celebrate the festival in a "green" way.

2 一味 blindly

(1) 我们不该一味追求物质享受，而忘记节约资源。
We should not pursue material comfort blindly, at the expense of wasting resources.

(2) 有些消费者一味讲究排场，经常购买过度包装的商品。
Some consumers want to show off. They often buy those over-packaged goods.

▷ 回答下列问题。

Answer the following questions.

(1) 一味大吃大喝会给身体带来哪些坏处？

_____。

(2) 有些车主一味追求豪华型大车。这对环境有什么影响？

_____。

(3) 一味反对全球化能解决贫穷国家的经济问题吗？为什么能？为什么不能？

_____。

(4) 一味教育孩子要听父母老师的话对孩子的成长有什么影响？

_____。

3 哪怕 even, even if, even though

(1) 哪怕你非常富有，也不该一味消费，浪费资源。

Even if you are wealthy, you shouldn't consume blindly and waste resources.

(2) 明天哪怕下雪，我也要去听音乐会。

I am going to the concert tomorrow even if it snows.

▷ 把 A 栏的从句和 B 栏的从句搭配起来。

Match the clauses in Column A and B.

A	B
哪怕我失败了， 哪怕你们都反对我的意见， 哪怕只喝一点酒， 在面试的时候，哪怕是最小最小的细节	也不能忽视。 他的脸也会红。 我也要继续试验。 我还是认为我说的是有道理的。

第三单元　环境保护

127

语言练习 Language Practice

一、词语练习 (Vocabulary Practice)

1. 从课文中找出两个合适的词来修饰下列名词。
   Find two appropriate words from the text to modify each of the following nouns.

   例如：春节   欢乐的春节   节俭的春节

   包装   _____   _____
   手提袋 _____   _____
   卫生   _____   _____
   灾难   _____   _____
   污染   _____   _____

2. 请把左边的词语跟右边的解释配对。
   Match the words in the left column with the meanings in the right column.

   （1）息息相关   a. 到处可以看到
   （2）触目惊心   b. 最小的事情
   （3）走亲访友   c. 一天连一天
   （4）无处不见   d. 访问亲戚朋友
   （5）名副其实   e. 有很紧密的关系
   （6）点滴小事   f. 情况很严重，让人看了很担心
   （7）日复一日   g. 很多东西/事情聚集在一起
   （8）堆积如山   h. 名称和实际相符合

3. 结对轮流问答问题。
   Work in pairs. Take turns asking and answering the following questions.

   （1）什么和人体健康息息相关？
   （2）哪些是保护环境的点滴小事？
   （3）什么样的春节是"绿色"春节？
   （4）什么样的食品是"绿色"食品？
   （5）为什么下餐馆吃饭不应该点野味？
   （6）为什么春节的时候没必要大吃大喝？
   （7）怎么让人们平平安安地过年？
   （8）怎么让野生动物平平安安地过年？

（9）你送礼的时候喜欢买包装精美的礼盒还是简包装的东西？

（10）什么是商品过度包装？

（11）给人送生日礼物是人之常情吗？

（12）送给别人有奢华包装的礼物是人之常情吗？

（13）哪些活动会造成噪音污染？

（14）在你们国家过节的时候，燃放烟花爆竹吗？

（15）什么时候你用气球、彩灯来渲染气氛？

（16）塑料袋、易拉罐、包装纸，都能回收吗？

（17）游客应该怎么保护旅游景点的环境？

（18）什么样的垃圾长年不烂？

（19）你的功课堆积如山吗？

（20）什么样的照片让你触目惊心？

（21）什么东西牢固耐用？

（22）什么季节是旅游的高峰？

（23）过年的时候，你喜欢走亲访友吗？

（24）什么时候是购物的旺季？

二、阅读理解 (Reading Comprehension)

1. 课文认为我们可以从小事做起，保护环境。请从下列小事中，找出课文提到的小事。
The text advocates starting with small actions to protect the environment. Using the following list, please choose the actions that the text has mentioned.

（1）在"吃"的方面，为了保护环境，我们可以从以下小事做起：

a. 按照中国的老传统，过年的时候大吃大喝。

b. 不要购买野生动物。

c. 不要腌制野生动物。

d. 不下饭馆。

e. 串门时不吃野味。

f. 在家可以吃一点野味。

g. 在饭馆点菜时，不点野味。

h. 为了满足身体各种营养的需要，吃一点野味。

（2）在"送礼"方面，为了保护环境，我们可以从以下小事做起：

a. 过年的时候不送礼。

b. 买包装精美的礼盒送礼。

c. 买简包装的食品。

d. 不买奢华包装的礼盒。

e. 不一味追求好看。

f. 不买过度包装的礼盒。

g. 给垃圾披上漂亮的外衣。

(3) 在"玩"的方面，为了保护环境，我们可以从以下小事做起：

a. 用花草、彩灯、气球代替爆竹来渲染节日气氛。

b. 燃放烟花爆竹。

c. 把纸屑散飞在地面上。

d. 出外旅游，要爱护景区的一草一木，一枝一叶。

e. 在景区不拍照片。

f. 不在景区留下垃圾废弃物。

g. 把景区的塑料袋、易拉罐、包装纸统统回收。

h. 把景区的花草带回家渲染节日的气氛。

(4) 在"用"的方面，为了保护环境，我们可以从以下小事做起：

a. 把塑料袋集中起来堆积如山。

b. 不用一次性塑料袋。

c. 春节期间去走亲访友。

d. 出门购物的时候，用可以多次使用的手提袋。

e. 在房屋周围、马路旁边、花园的树枝草丛丢弃塑料袋。

2. 完成下列句子。

Complete the following sentences.

(1) 环境的好坏与 _____ 息息相关。

(2) 尽管近年来人们加强了保护环境的意识，可是 _____
_____ 的事情还不少见。

(3) 为了让野生动物平平安安过年，我们要让 _____ 从餐桌上消失。

(4) 随着生活水平的提高，_____。

(5) 我们没有必要按照传统，_____。

(6) 在购物旺季，商场里摆满了 _____。

(7) _____ 是人之常情。

(8) 在选择产品的时候，没必要一味追求 _____。

(9) 燃放烟花爆竹不但严重污染空气，而且 _____。

(10) 不管你去哪个景点旅游，都要爱护 _____。

第三单元　环境保护

（11）要让你的旅游成为名副其实的绿色环保之旅，你应该_____。
（12）_____数以亿万计。
（13）塑料袋集中起来_____，分散开去_____。
（14）_____带来的灾难触目惊心。
（15）_____对保护环境不利。

三、听力练习 (Listening Practice)

（请听录音 3-3）

以下哪句话总结了录音 3-3 的大意？
Which of the following sentences summarizes the general meaning of Audio Clip 3-3?

a. 在中国的一些大城市，垃圾处理的需求越来越大。一些企业已经开始把垃圾处理作为新型产业。
b. 上海环境集团在2005年连续吃下四川、深圳、江苏、山西、浙江等地的5大项目。
c. 上海环境集团期望通过5—10年的发展，成为中国垃圾产业的"龙头"。

四、读一读，说一说，写一写 (Reading, Speaking, and Writing)

（一）

什么是绿色生活？

如果人类要长久地生存在这个地球上，我们就要走可持续发展的道路，过一种简朴、适度的绿色生活。"绿色生活"是把环境保护与人们的日常衣食住行融为一体的新生活。绿色生活作为一种现代生活方式，包括了日常生活的方方面面——既包括生产行为，又包括消费行为。我们可以把绿色生活概括为五个方面：(1) 节约资源、减少污染；(2) 绿色消费、环保选购；(3) 重复使用、多次利用；(4) 分类回收、循环再生；(5) 保护自然、万物共存。通过努力，人类可以过一种安全健康、无公害、无污染的绿色生活。

（根据《中国青年报绿网》2004年1月16日石中元的文章改写）

补充生词

1	循环（循環）	xúnhuán	动	circulate, cycle, loop, rotation
2	再生	zàishēng	动	revive, reproduce, reprocess, recycle
3	万物（萬物）	wànwù	名	all living things
4	共存	gòngcún	动	coexist, exist together

▶ 结对活动：根据短文（一）回答下列问题。
Work in pairs to answer the following questions.

1. 绿色生活的定义是什么？
   _____

2. 绿色生活主要包括哪两种行为？
   _____

3. 请各举两个例子来说明什么是生产行为和消费行为。

	生产行为	消费行为
例一		
例二		

4. 绿色生活的五个方面是什么？请举例说明。

绿色生活的方面	举 例
(1)	
(2)	
(3)	
(4)	
(5)	

（二）

人类的需求

现在有些人虽然拥有很多物质，却仍然感到不幸福。其实，人们对物质的追求是永无止境的。地球能满足人类的需要，但满足不了人类的贪婪。我们不应该盲目消费，盲目追求；不该把拥有多少住房，拥有多少汽车作为幸福生活的标准。正是由于现代人一味追求物质，才给我们的生存空间造成了巨大的压力。所以，我们应该把简朴和适度作为生活的新时尚。用绿色生活方式来减轻给人类生存空间、生活环境带来的压力。

（根据《中国青年报绿网》2004年1月16日石中元的文章改写）

补充生词

| 1 | 永无止境（永無止境） | yǒngwúzhǐjìng | 固 | endless, of no bounds |
| 2 | 贪婪（貪婪） | tānlán | 形 | greedy, be greedy for |

1. 小组讨论

    Group discussion

    短文（二）中是否提出了以下观点？选择所有提到的观点。

    Does the above article mention the following propositions? Choose all that apply.

    a. 拥有许多物质的人不一定会感到幸福。

    b. 因为人们都很贪婪，所以都不幸福。

    c. 现代人一味追求物质，给地球造成巨大压力。

    d. 如果人类都过一种简朴、适度的生活，地球可以满足人类的需求。

    e. 文章提出我们应该根据一个人有多少住房和汽车来决定一个人是否幸福。

    f. 简朴适度的绿色生活可以减少给环境的压力。

2. 全班同学一起评论下列行为，你们觉得这些行为是不是绿色消费行为？

    Work in class: Comment on the following situations.

    （1）王小姐30岁了，可是还没有找到合适的对象。她要找的对象必须有高级的住房、有豪华的汽车。王小姐认为，虽然说一般的住房和汽车也能满足人们的生活需要，但是如果一个男人没有高级的住房和汽车，就说明那个男人在事业上是失败的。谁愿意跟一个失败者一起生活呢？

    （2）李先生非常喜欢电脑。目前，他有五台电脑，有的是台式的，有的是手提的。他平均半年买一台新电脑。最近，他听说苹果公司又推出一种超小型电脑，虽然不见得比他现在的电脑好，但是他还是想去买一台。

    （3）刘家夫妇最近老吵架。他们的儿子大学毕业了，想去英国念研究生。老刘认为，念不念研究生没有关系，不少大学毕业生的工作不比研究生的差，收入也不比研究生的低。与其花钱送儿子去留学，不如在中国买一套大房子。老刘说：现在注意的是谁的钱多，谁的房子大，而不是谁的学历高。老刘太太不同意。她认为把钱花在教育上对儿子的将来有好处。再说，家里已经有了一套房子，没必要再买一套。

    （4）小张参加工作以后，每个月3000多元的收入都花得光光的。她觉得，人活着就应该好好享受生活。作为一个女孩子，就应该穿得漂漂亮亮的。所以什么衣服最时尚，她就买什么。虽然她并不需要40条裙子，24件外套，15个手提包，可是买东西给她带来了很大的乐趣。她说，花钱让我很痛快，我为什么不花呢？

（5）金先生是电脑工程师，收入比较高，可是最近他卖掉了住房和汽车，租了一间小屋子住，天天骑自行车上下班。父母问他为什么要这样生活？金先生回答说，骑车对他的健康有好处，再说，没有了住房和汽车，他就不必为了还银行的房屋贷款，加班加点，而可以放松自己，更好地享受生活。

（三）

绿色生产

产品绿色革命是一种新的生产方式。环保科学者和技术工作者互相合作，在生产过程中不会污染环境，浪费资源。绿色产品给环境日益恶化的地球带来了一线希望。比如瑞典研制了一种风力冰箱，由装在室外的风车带动。法国生产出了太阳能冰箱。这两种冰箱都不用电能。绿色电脑在IBM公司和宏碁公司研制成功。这些绿色电脑的能耗只有目前同类电脑的1/4，制造电脑元件的过程也不会污染环境。电脑一旦陈旧，可以回收，再次利用率很高。渴望绿色、保护环境已经成为人类共同的愿望。

（根据《地球科学网站》的文章改写）

▶ 根据短文内容选择。

Multiple choices.

(1) 绿色生产的意思是：
   a. 采用高科技的生产方式。
   b. 一种不污染环境、不浪费资源的生产方式。
   c. 一种不用能源的生产方式。

(2) 绿色产品的意思是：
   a. 高科技产品。
   b. 包装是绿颜色的产品。
   c. 不污染环境、不浪费能源、可回收的产品。

(3) 这篇文章提到哪些绿色产品？（多选）
   a. 用太阳能的冰箱。
   b. 用水力的电脑。
   c. 用风力的冰箱。
   d. 用风力的电脑。
   e. 耗电低的电脑。
   f. 能回收的电脑。
   g. 再次利用率高的冰箱。
   h. 再次利用率高的电脑。

(四)

绿色消费

现在,人们开始自觉地吃绿、穿绿、住绿、用绿,重视生存环境和生命健康。但是绿色消费并不是消费绿色。提倡吃绿、住绿、穿绿、用绿的目的是为了在生产行为和消费行为中,考虑到对环境的影响。如果我们改变奢侈浪费、挥霍无度的生活方式,就能够改善环境,减轻地球的负担。无论你从事什么职业,无论你多么富有;但都无权挥霍浪费地球的资源。挥霍浪费,不是体面与荣耀,而是自私、冷漠的象征。节约资源,减少污染,从我做起,从小事做起。比如:少用一次性餐具,少用塑料袋,买环保电池,注意废旧电池的集中回收,随手关闭水龙头……

(根据《中国青年报绿网》2004年1月16日石中元的文章改写)

补充生词

1	奢侈	shēchǐ	形	extravagant, wasteful
2	体面(體面)	tǐmiàn	名,形	dignity, face, respectable
3	荣耀(榮耀)	róngyào	名	honor, glory
4	冷漠	lěngmò	形	cold and detached, unconcerned, indifferent
5	象征(象徵)	xiàngzhēng	动,名	symbolize, signify, stand for

▶ 1. 你同意上面短文的观点吗?

Do you agree with the views presented in the text?

文章的观点	你的观点
(1) 人们越来越重视生存环境和生命健康。	
(2) 绿色消费就是要考虑我们的消费对环境的影响。	
(3) 无论你多么富有,都不应该浪费地球的资源。	
(4) 挥霍浪费是自私、冷漠的象征。	
(5) 节约资源、减少污染要从每个人做起,从小事做起。	

2. 请你写一篇150-200字的作文，对上述五个观点之一加以评论。
   Write a 150-200-word composition commenting on one of the five views presented above.

   ◎ 第一段：选择其中一个观点，加以说明。

   First paragraph: Choose one of the above views and briefly explain the main idea.

   ◎ 第二段：阐明你的观点——你是否同意那个观点。请列举你同意或是不同意的原因。

   Second paragraph: State your opinion - whether you agree or disagree with the view in the first paragraph, and support your opinion.

   ◎ 第三段：把你认为正确的观点用两三句话总结一下。

   Third paragraph: Use two or three sentences to reiterate the opinion that you deem correct.

第三单元　补充练习

一、听力练习 (Listening Practice)

（请听录音 3-4）

请根据录音3-4，回答下列问题。
Answer the following questions based on Audio Clip 3-4.

（1）这是哪个组织公布的研究报告？

（2）这项研究报告发现，全世界每年有多少人死于与环境相关的疾病？

（3）在五岁以下的儿童中，有多少人的病是由环境问题造成的？

（4）如果解决了环境问题带来的危险，可以挽救多少人的生命？

（5）为了减少环境问题造成的疾病，发展中国家和不发达国家应该特别注意什么？

(请听录音 3-5)

这段录音的主要意思是什么？

What is the main idea of Audio Clip 3-5?

a. 中国垃圾的增长率。

b. 世界垃圾的增长率。

c. 垃圾处理产业在中国的前景。

(请听录音 3-6)

这段录音的主要意思是：

The main idea of Audio Clip 3-6 is:

a. 德国政府鼓励大家节约用电。

b. 德国的能源匮乏。

c. 德国的家庭浪费电力。

二、念一念，说一说 (Reading and Speaking)

小组活动： 下面是一些环保的口号，请先在小组里一起念一下。然后选出一条口号作为你讲演的主题，准备一个1–2分钟的讲演，在小组里讲演。

Group Activity: The followings are some slogans on environmental protection. After reading the slogans with your group members, choose one slogan as the title of a short speech. Prepare a 1-2 minute speech and deliver it in your group.

（1）没有地球的健康就没有人类的健康。

（2）善待地球就是善待自己。

（3）保护环境，从我做起。

（4）追求绿色时尚，拥抱绿色生活。

（5）把消费限制在生态可以承受的范围内。

（6）把绿色带进21世纪。

（7）我是环保一员。

（8）地球是我们从后代手中借来的。

（9）有限的资源，无限的循环。

（10）垃圾混置是垃圾，垃圾分类是资源。

（11）回收一块废电池，维护一方净土。

（12）3000双一次性筷子等于一棵20年的大树。

三、阅读练习 (Reading Practice)

（一）

杨德莲　女　43岁　市民

日光是可以再生的，所以我们应该把所有能在白天做的事都放在白天做了。平时，洗衣服、收拾房间等等，我总是在白天干完。做晚饭时，也尽量在日光下，即使吃饭的人回来晚点，也顶多在灯光下炒个菜。吃完晚饭，把碗筷收拾在一起，第二天早起一会儿，在日光下洗，既省电，又能看清，洗得更干净。

（根据《太原晚报》2006年6月17日的文章改写）

▶ 根据短文（一）选择正确答案。
Choose the correct answer based on article 1.

为了节约用电，杨德莲：
a. 尽量在白天多做家务。
b. 晚上从来不炒菜。
c. 晚上不开灯洗碗。

（二）

杨普照　男　30岁　教师

我教的班级搞了一次聚会活动，本来从我们学校到那里路程不太远，但是有些学生希望打车，我最终还是坚持让学生们走过去了。走在路上，我对大家说："其实，你们可以发现走路是一项很好的运动，既锻炼身体又能为社会节约能源。我有一位从德国回来的朋友跟我说，他住过的那个小区，一到休息日，几乎所有的人都把私车放进车库，改乘公交车出门，就是为了维护城市的环境。所以，我们今天以步代车既可以少耗近十辆出租车的汽油，又向发达国家的人民看齐了！"在大家的嬉笑声中，我在培养学生的节能意识。

（根据《太原晚报》2006年6月17日的文章改写）

▶ 根据短文（二）回答问题。
Answer the following questions, based on article 2.

（1）杨老师和学生去参加聚会活动的时候，出现了哪两种不同的意见？

_____

（2）杨老师说，走路有什么好处？

_____

（3）杨老师举了什么例子来告诉学生应该节约能源？

_____

（三）

黄良红　女　29岁　职员

　　为了节约用电，不要把空调的温度调得太低，最有效的方法是不睡觉时，将空调调到25摄氏度，睡觉时调到27摄氏度，因为这样的温度，既不会使人感到热，又很舒适，而且非常省电。夏天，空调在制冷时，设定的温度每调高1摄氏度，就可达到节电10%的良好效果。另外，每天早上开窗通风，出门前再把所有的门窗都关上，并且把窗帘也全部拉上。这样，即使一天中最高气温能达到三十八九摄氏度，中午回来会发现家里的温度能比室外低六七摄氏度，空调开的时间自然就可以短一些。

（根据《太原晚报》2006年6月17日的文章改写）

短文（三）提到在夏天的时候，可以用一些方法节约用电。请你找出两个方法，写在下面。

Article 3 discusses ways to save electricity during the summer. Please list two of them in the space below.

夏天节约用电的方法：

（1）_____

（2）_____

（四）

买有"虫眼"的青菜就是绿色消费吗？

　　家住北京市南郊的李老太一提起做饭总不高兴，因为孩子们老说她炒的菜没营养，不"绿色"。李老太纳闷了："青菜明明绿油油的，咋说不'绿'呢？"后来老太太才知道"绿色"是有特殊含义的，现在买菜时也专挑带虫眼的蔬菜，因为有虫眼说明这青菜没打过农药，是不受污染的"绿色食品"。可是，一棵没打过农药的青菜并不能完全代表"绿色消费"和"绿色商品"。

　　和李老太一样，还有许多人也把"绿色消费"理解为食用没有污染的食品。于是，到野外去吃山野菜、喝山泉水，成了都市居民的新时尚。其实，"绿色消费"的含义是倡导消费者选择未被污染或有助于健康的绿色产品，同时，在消费过程中注重对垃圾的处置，不造成环境污染。并且希望这种消费方式能够引导消费者转变消费观念，崇尚自然，追求健康，注重环保、节约资源和能源，实现可持续消费。

（根据《人民网》绿色家园2004年第三期王佛全的文章改写）

根据上下文，猜猜画线词的意思。

Determine the meaning of the underlined words based on the context.

(1) 李老太<u>纳闷</u>了："青菜明明绿油油的，咋说不'绿'呢？"
    a. 觉得不高兴　　　b. 觉得奇怪　　　c. 觉得无聊

(2) 后来老太太才知道"绿色"是有特殊含义的，现在买菜时也专<u>挑</u>带虫眼的蔬菜。
    a. 特地选择　　　b. 专心注意　　　c. 随便看看

(3) 到野外去吃山野菜、喝山泉水，成了都市居民的新<u>时尚</u>。
    a. 大家必须做的　　　b. 大家应该做的　　　c. 大家喜欢做的

(4) "绿色消费"的含义是<u>倡导</u>消费者选择未被污染或有助于健康的绿色产品。
    a. 建议　　　b. 批评　　　c. 命令

(5) 在消费过程中要注重对垃圾的<u>处置</u>，不造成环境污染。
    a. 安排　　　b. 处理　　　c. 改造

(6) <u>崇尚</u>自然，追求健康，注重环保、节约资源和能源，实现可持续消费。
    a. 崇拜　　　b. 看到　　　c. 热爱

（五）

中央国家机关开展2006年"节能宣传周"活动

新华网北京6月11日电（记者李亚杰）停开办公区域空调一天，6层以下办公楼停开电梯一天，换乘公共交通工具上下班……记者11日从国务院机关事务管理局了解到，中央国家机关在6月11日至17日开展2006年"节能宣传周"活动。

据介绍，中央国家机关2006年"节能宣传周"的主题是"从我做起，创建节约型机关"。活动期间，国务院机关事务管理局倡议在6月13日停开办公区域空调一天，6层以下办公楼停开电梯一天，自驾车上下班的职工换乘公共交通工具、骑自行车或步行上下班一天，并开展"算算我用多少电"活动。

（根据《新华网》2006年6月11日的文章改写）

结对活动：请先各自从短文（五）中，找出有关"节能宣传周"的情况，然后向对方报告。

Pair Activity: Find out the facts about "Energy Saving Week" on your own and then report the facts back to your partner.

节能宣传周	
日期	
谁参加？	
要做什么？	(1)
	(2)
	(3)
	(4)

（六）

绿色消费

一些环保专家把绿色消费概括成5R，即：节约资源，减少污染（Reduce）；绿色生活，环保选购（Reevaluate）；重复使用，多次利用（Reuse）；分类回收，循环再生（Recycle）；保护自然，万物共存（Rescue）。绿色消费是在社会消费中，不仅要满足我们这一代人的消费需求和安全、健康，还要满足子孙万代的消费需求和安全、健康。

它有三层含义：一是倡导消费者在消费时尽量选择无污染、无公害，有助于健康的绿色产品；二是在消费过程中注重对垃圾的处置，不造成环境污染；三是引导消费者转变消费观念，崇尚自然、追求健康，在追求生活舒适的同时，注重环保、节约资源和能源，实现可持续消费。

1. 用汉语说一下5R。

   Say 5R's in Chinese.

   (1) Reduce　　(2) Reevaluate　　(3) Reuse

   (4) Recycle　　(5) Rescue

2. 把下面的句子翻译成英文。

   Translate the following into English.

   它有三层含义：一是倡导消费者在消费时尽量选择无污染、无公害，有助于健康的绿色产品；二是在消费过程中注重对垃圾的处置，不造成环境污染；三是引导消费者转变消费观念，崇尚自然、追求健康，在追求生活舒适的同时，注重环保、节约资源和能源，实现可持续消费。

四、念一念，写一写 (Reading and Writing)

历年世界水日主题

1995 年	女性和水
1996 年	解决城市用水之急
1997 年	世界上的水够用吗
1998 年	地下水——无形的资源
1999 年	让每个人都生活在下游
2000 年	21 世纪的水
2001 年	水与健康
2002 年	水为发展服务
2003 年	未来之水
2004 年	水与灾害
2005 年	饮水与生命健康
2006 年	水与文化

（根据《宁夏网》2006 年 4 月 17 日的文章改写）

1. 根据上文，把左栏的年份和右栏的世界水日主题配对。
   Based on the article, match the year in the left column with the theme of "World Water Day" in the right column.

年份	世界水日的主题
1995	Water for the Future
1996	Everyone Lives Downstream
1997	Water for Thirsty Cities
1998	The World's Water: Is There Enough?
1999	Water for the 21st Century
2000	Women and Water
2001	Water and Disasters
2002	Water and Health
2003	Water for Development
2004	Groundwater - the Invisible Resource
2005	Water and Culture
2006	Water for Life

2. 请先读一读有关世界水日主题的文章，然后从中选出一个主题，写一篇 200 字左右的作文。
   Please read the article on "World Water Day". Choose one theme and write a composition of approximately 200 words.

第四单元

教育

Unit 4 Education

热身活动 Warm-up Activities

结对讨论
Work in pairs

1. 你们认为下面哪些现象反映了当前中国教育的一些情况？
   In your opinion, which of the following phenomena relate to current education in China?

   （1）城里的家长为子女请家教。
   （2）老师和家长积极培养孩子的学习兴趣和方法。
   （3）城里的家长让孩子参加补习班辅导班。
   （4）有些家长为孩子的学费发愁。
   （5）中小学生的学习压力越来越大。
   （6）有的学生出现厌学的现象。
   （7）有些农村的家长为了让孩子去城市上学而决定到城市去打工。
   （8）流动人口的子女在城市上学给城市的学校带来了一些困难。
   （9）大学毕业生为求职发愁。
   （10）大学毕业生喜欢到挣钱多的地方去工作。

2. 全班讨论：你们对以上现象有什么看法？请用一两个例子来支持你的观点。
   Class discussion: What are your opinions on the above phenomenon? Please use one or two examples to support your view.

对话 Dialogue

汤姆去办公室找李老师。

李老师：汤姆，你有事找我吗？
汤　姆：李老师，您看过《中国教育流行病》这本书吗？
李老师：看过。这本书里讲的是目前中国的教育问题。
汤　姆：这本书上说，现在很多父母得了教育"流行病"。这些家长到底得了什么"病"啊？
李老师：他们得的是"望子成龙"，"神童教育"的病。不少父母为孩子牺牲很大，付出很多。他们唯一的要求就是要孩子考试成绩好，将来能考上重点高中，然后考上名牌大学。

汤　　姆：那么家长是不是了解孩子的学习方法和学习兴趣呢？很多孩子从小就参加各种补习班、提高班、兴趣班。这么做给孩子的压力是不是太大了？孩子受得了吗？

李老师：当然受不了了。学习压力太大会对孩子的身心健康不利。另外，孩子学习负担过重，就没有时间玩儿了，也没有机会培养独立思考的能力。这样会影响孩子的创新精神和创造能力。

汤　　姆：听说有的孩子学习成绩不好，父母就打骂孩子，还有的老师甚至对孩子实行体罚，是真的吗？

李老师：是的，不过这只是个别现象。看到这些问题以后，我挺难过的。

汤　　姆：我希望大家认识到这些问题以后，会更加关心孩子的教育和健康成长。

李老师：我想教育工作还是应该以人为本，家长和老师不能只看重"结果"，而不重视"过程"。教育的过程和孩子的健康成长紧密相关。

汤　　姆：李老师，您说得太对了。

生词表 Vocabulary List

1	流行病	liúxíngbìng	名	epidemic disease
2	望子成龙（望子成龍）	wàngzǐ chénglóng	固	hope that a son will grow up to be successful
3	神童	shéntóng	名	child prodigy
4	负担（負擔）	fùdān	动，名	bear, shoulder (responsibility), burden
5	独立（獨立）	dúlì	动	independent, indepen-dence
6	思考	sīkǎo	动	think deeply, ponder over, reflect on
7	能力	nénglì	名	ability, capacity, competence
8	创新（創新）	chuàngxīn	动，名	create, invent, innovation, creativity
9	精神	jīngshén	名	spirit, essence
10	甚至	shènzhì	连	even; (go) so far as to, even to the extent that
11	体罚（體罰）	tǐfá	动	corporal punishment
12	个别（個別）	gèbié	形	individual, specific, very few, exceptional
13	现象（現象）	xiànxiàng	名	phenomenon, appearance
14	以人为本（以人爲本）	yǐrén wéiběn	固	humanist, take humanity as the dominant factor
15	结果（結果）	jiéguǒ	连，名	aftermath, result, outcome, consequence
16	重视（重視）	zhòngshì	动	attach importance to, think much of, put emphasis on

4.1 家长忙学校急孩子累 教育切忌拔苗助长

"拔苗助长"的故事说的是宋国有个人嫌庄稼长得太慢,就把幼苗一棵棵地往上拔,回来还夸口说:"今天我帮助苗长了!"他儿子听了赶忙去看,发现幼苗都枯死了。后来就用"拔苗助长"比喻不管事物的发展规律,强求速成,反而把事情弄糟了。

目前,我国无论家庭教育还是学校教育都存在着拔苗助长的现象。家长望子成龙,望女成凤心切,盲目投资,请家教,买教辅,逼着孩子学这学那,俗话说赶着鸭子上架;学校急于拔尖儿,补课、培优、集训、练兵……忙得不亦乐乎。

一个孩子还在咿呀学语,家长就要教他识字,幼儿园就教小学的课程,从小学开始,就参加各种补习班、辅导班、特长班,到中学花样更多了,乱七八糟的。我邻居的孩子读小学,今年寒假,她上午参加补习班,下午参加特长班,什么芭蕾、美术、英语……几乎什么都要学,每天都忙到晚上10点以后睡觉。孩子说:"现在一提到假期,我就想到补课和训练,感觉比上学还忙呢。"

可是不少家长说:"现在竞争激烈,中考就一次机会,别的孩子都补,我孩子不补,肯定就落下了。""现在都是独生子女,一定要给孩子提供最好的条件,别人补,我不补,那就吃亏了。"家长不懂教育学而盲目攀比,提着孩子的头发往上拔,只知补比不补好,越补越好,不计成本,不计后果。

疯狂地给孩子的学习加压,对孩子的成长来说并非好事。目前学生学习压力下移的趋势越来越严重,像一些奥数班、外语班、作文班,原来都是初中才开始进行课外补习的东西,现在小学就开始了,本来应该在高中才开始的晚自习现在初中也开始了,导致孩子的压力越来越大。

其实通过知识灌输来提高学生的成绩,短时间或许有效,但长远看害处多多,无论是学校、老师还是家长应该多培养孩子的学习兴趣和方法,如果让孩子过早承受过大的压力,可能会出现厌学和其他心理问题。

(根据人民网2005年03月15日文章改写)

生词表 Vocabulary List

1	切忌	qièjì	动	must guard against, avoid by all means
2	拔苗助长（拔苗助長）	bāmiáo zhùzhǎng	固	spoil things by excessive enthusiasm, pull up a seedling in the mistaken hope of helping it to grow
3	嫌	xián	动	dislike, mind, complain of, resent
4	庄稼（莊稼）	zhuāngjia	名	crops
5	幼苗	yòumiáo	名	seedling
6	枯	kū	形	withered, be dried up
7	比喻	bǐyù	动，名	metaphor, analogy, draw an analogy
8	规律（規律）	guīlǜ	名	discipline, norm, regular pattern
9	强求	qiǎngqiú	动	impose, force, insist on
10	弄糟	nòngzāo	动	mess up
11	望女成凤（望女成鳳）	wàngnǚchéng fèng	固	hope one's daughter will have a bright future
12	心切	xīnqiè	形	eager, impatient, anxious
13	盲目	mángmù	形	blind, lacking insight or understanding
14	赶着鸭子上架（趕著鴨子上架）	gǎnzheyāzi shàngjià	固	drive a duck onto a perch, make sb. do sth. entirely beyond his ability
15	拔尖儿	bājiānr	形，动	top-notch, outstanding
16	不亦乐乎（不亦樂乎）	bùyìlèhū	固	extremely, awfully
17	攀比	pānbǐ	动	compare with the higher
18	成本	chéngběn	名	cost

第四单元　教　育

19	后果（後果）	hòuguǒ	名	consequence
20	疯狂（瘋狂）	fēngkuáng	形	wild, crazy, insane; frenzied
21	压力（壓力）	yālì	名	pressure
22	趋势（趨勢）	qūshì	名	trend, tendency
23	导致（導致）	dǎozhì	动	lead to, bring about, result in, cause
24	灌输（灌輸）	guànshū	动	force feed (knowledge, doctrine)
25	承受	chéngshòu	动	bear, endure

Language Notes 语言注释

1 反而 on the contrary, instead

(1) 让孩子上太多的补习班不一定能帮助他们学习，反而会造成一些孩子厌学。
Forcing children to take extra classes will not necessarily help their learning. On the contrary, it may cause some children to lose interest in learning.

(2) 公司的利润提高以后，员工的福利不但没增加，反而降低了。这引起了员工极大的不满。
After a rise in the company's profits, employees' benefits did not improve but declined. This has brought great dissatisfaction among employees.

▶ 把"反而"填入下列句子。
Insert 反而 into the following sentences.

(1) 在药片综合症流行的今天，人们过度在意健康不利于健康。

(2) 南京网上房地产人士表示，从利率调高的当天和前一天的住宅成交量来看，利率调高后成交量增多了。

(3) 据了解，由于这些高星级酒店一般接待的是外宾团队，春节期间外宾团队的数量很少，所以成了高星级酒店的淡季。

(4) 经济增长过快不利。据新华社报道中国人民银行行长助理易纲表示：连续4年保持在10%以上增长速度的中国经济令许多发展中国家担心。

149

2 心切 eager for something to happen, eager to do something

这个短语常用在书面语中。语序为"动词短语＋心切"，意思是特别希望一件事发生，或特别希望做一件事。

This phrase is used in written Chinese. The word order is "a verbal phrase + 心切", with the meaning of "eager for something to happen" or "eager to do something".

(1) 有些家长望子成才心切，以为给孩子进行填鸭式教育就能达到目的。

Some parents are eager for their children to succeed. They think that they can reach the goal by stuffing children with huge amount of information.

(2) 那个人发财心切，结果上了坏人的当。

That man was eager to get rich fast. As a result, he was taken in by a scam artist.

3 并非 not

"并"是副词，常和"不"、"没有"、"非"等表示否定的副词合用，以表示强调。"并非"一般用在书面语中。

并 is an adverb. For emphasis, it is often used with other adverbs that have the meaning of "not", such as 不，没有，非，etc. 并非 is usually used in written Chinese.

(1) 学习压力并非越大越好。压力太大可能会引起孩子厌学。

More pressure in learning is not necessarily good. Too much pressure can cause a child to lose interest in learning.

(2) 这件事的发生并非偶然，而有其历史原因。

It was not accidental for this event to take place. It had historical reasons.

▶ 把A栏和B栏配对，组成完整的句子。

Match the clauses/words in Column A and Column B.

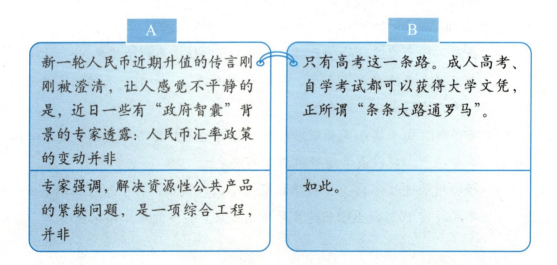

A	B
新一轮人民币近期升值的传言刚刚被澄清，让人感觉不平静的是，近日一些有"政府智囊"背景的专家透露：人民币汇率政策的变动并非	只有高考这一条路。成人高考、自学考试都可以获得大学文凭，正所谓"条条大路通罗马"。
专家强调，解决资源性公共产品的紧缺问题，是一项综合工程，并非	如此。

其实，上大学也并非	多多益善。
很多业内人士认为，雅虎重组是和Google竞争的结果，但事实也许并非	人间天堂。
补充维生素C并非	没有可能。
在绝大多数中国人印象中，欧洲意味着发达和富裕。事实上，到了欧洲后只要你仔细观察，认真比较，就不难发现欧洲并非	只有涨价一条路。

4 或许 perhaps, maybe

(1) 关于这件事，他或许知道一二。

He perhaps knows something about this matter.

(2) 这个问题或许并不那么简单。

This issue is probably not that simple.

为下列情况找出一个大概的原因。请在你的猜测中用上"或许"。

Find a possible reason for the following situations. Use 或许 in your sentences.

(1) 不知为什么，这个孩子近来常常不做作业。

_____

(2) 近年来，中国城市里的"有车族"增长得比较快。

_____

(3) 看上去，不少中国父母喜欢带孩子去肯德基吃饭。

_____

(4) 人们越来越注意食品的营养结构。

_____

语言练习 Language Practice

一、词汇练习 (Vocabulary Practice)

1. 用汉语说出下列词组的意思。
   Explain the meaning of the following words/phrases in Chinese.

   (1) 拔苗助长　　　　　(2) 发展规律
   (3) 强求速成　　　　　(4) 望子成龙
   (5) 望女成凤　　　　　(6) 赶着鸭子上架
   (7) 不亦乐乎　　　　　(8) 盲目攀比
   (9) 不计成本　　　　　(10) 不计其后果

2. 下面每组词语中，第一个是动词，其余三个是名词。请判断一下，哪些名词可以和动词组成动宾词组。
   In each of the following groups of words, the first word is a verb, and the rest are nouns. Decide whether you can use the verb and any of the nouns to form a "verb-object" phrase.

   (1) 导致　　　失败　　压力　　训练
   (2) 承受　　　压力　　赞扬　　后果
   (3) 出现　　　条件　　问题　　竞争
   (4) 提供　　　条件　　帮助　　信息
   (5) 培养　　　孩子　　兴趣　　感情
   (6) 灌输　　　问题　　知识　　机会

二、阅读理解 (Reading Comprehension)

1. 根据课文内容进行选择。
   Multiple Choices.

   (1) 目前在家庭教育和学校教育中，都存在着哪些"拔苗助长"的现象？（多选）
       a. 家长逼着孩子学。
       b. 家长周末带孩子去公园玩。
       c. 家长花很多钱为孩子请家教。
       d. 从小学开始，家长就让孩子参加各种补习班、辅导班、特长班。
       e. 家长花钱送孩子去学游泳。
       f. 家长暑假带孩子去旅游。
       g. 幼儿园就教小学的课程。

第四单元 教育

h. 学校周末给学生补课。

i. 学校培养学习尖子。

j. 学校组织学生去看电影。

(2) "拔苗助长"对孩子的成长来说有哪些负面影响？（多选）

a. 学习成绩好的学生愿意帮助学习成绩差的学生。

b. 学生学习压力越来越大。

c. 学习成绩不好的学生离家出走。

d. 很多中小学生厌学。

e. 学习好的学生在家里也是一个好孩子。

f. 很多孩子对学习没有兴趣。

g. 一些学生只会念书，生活却不能自理。

h. 有的孩子15岁就考上了大学。

i. 有的学生认为只要学习好，别的方面都不重要。

j. 有的学生因为学习时间不够而不参加运动。

2. 你同意下面的观点吗？请用例子来支持你的观点。

Do you agree with the following comments? Please support your opinion with examples.

观　点	你的观点	支持你观点的例子
让孩子参加十个不同的补习班不是"拔苗助长"，而是挖掘孩子在不同方面的潜力。		
学生没有压力学不到东西。		
家长应该为了孩子的教育花大钱。		
家长应该注重孩子各方面的发展。		
学习上不要给孩子太多压力，学习成绩好坏并不重要。		
学校要培养学生的各方面能力，而不是要培养书呆子。		
学生应该有自己的时间和空间，做他们自己想做的事。		

三、听力练习 (Listening Comprehension)

(请听录音 4-1)

录音 4-1 提出了以下建议：

Audio Clip 4-1 has the following suggestions:

选择所有正确答案。

Choose all correct answers.

a. 孩子在5岁以前，教他们听听儿歌、玩玩游戏、看图识字就行了。

b. 孩子在5岁以前，他们乐意做什么就做什么。

c. 孩子在5岁以前，逼他们学习对他们身体不利。

d. 孩子在5岁以前，应该培养他们懂礼貌，有规矩，养成好习惯。

e. 孩子在5岁以前，逼他们学习会导致他们对学习失去兴趣。

f. 孩子在上小学以前，什么都不用学习。

(请听录音 4-2)

根据录音 4-2，判断下列句子是否正确。

Decide if the following statements are true or false based on what you have heard from Audio Clip 4-2.

(1) 为了帮助孩子学习，不少家长都在物色合适的家庭教师。

(2) 大学生是最合适的家庭教师。

(3) 大学生和孩子的年龄相近，比较容易和孩子沟通。

(4) 大学生因为没有受过正规的训练，所以不一定是最好的家庭教师。

(5) 一般的大学生家教只能帮助孩子完成作业。

(6) 大学生非常了解孩子们在学校中所学的知识。

(请听录音 4-3)

录音 4-3 是否提出了以下观点？

Are the following views mentioned in Audio Clip 4-3?

选择所有正确答案。

Choose all correct answers.

a. 孩子有他们自己的童年世界。

b. 家长要给孩子提供适当的运动环境。

c. 孩子从小学习就有压力，对他们的人生会有非常好的影响。

d. 家长要关心孩子，多和孩子沟通。

e. 从孩子一出生家长就应该多管管孩子的学习。

f. 孩子年龄太小，他们一切应该听从家长。

四、念一念，说一说，写一写 (Reading, Speaking, and Writing)

（一）

时下在中国的每一个城市，很少有孩子不参加各种特长培训班的，而在这些培训班里，有很多三到六岁的学前幼儿。记者在沈阳、哈尔滨、大连的一些幼儿园及幼儿辅导学校看到，开设英语、心算、古诗、数学等课程已相当普遍，有些课程深度甚至达到或超过小学水平。面对这些超前化发展的幼儿教育方式，有些家长认为这是对孩子智力的提前开发，将为孩子上重点小学、重点中学、重点大学打下良好基础，但也有家长和部分专家担忧，这种拔苗助长式的教育方式，对孩子的长远发展不利。

（根据《新华网》2005年7月25日文章改写）

补充生词

| 1 | 时下（時下） | shíxià | 名 | currently, at present, right now |
| 2 | 特长（特長） | tècháng | 名 | special aptitude, specialty, what one is skilled in, strong point |

根据短文（一）回答问题。

Based on the first article, answer the following questions.

(1) 现在中国城市里的孩子多半都参加哪些培训班？

___

(2) 对于孩子参加培训班，家长都有什么看法？

___

（二）

高中生上网控诉学校"拔苗助长"

小冯高一入学时学校就实行了快慢班制度，全年级成立两个快班，按考试成绩择优选取学生。快班每学期都要进行多次考试，全年级排榜，考试排名后几位的同学自动退出快班，慢班的前几名同学则升入快班。小冯开始进入快班时内心很欣喜，可频繁的"激励考试"让他身心俱疲，甚至想主动申请退回原班级。

沈阳东部一所重点高中的学生家长最近一直在替儿子的学习担心。她儿子的学习成绩目前在全校排位80余名，如果抽测考试成绩超出100名，就会被"请"出快班，退回普通班。为此班里的竞争呈现白热化，谁都不愿意回到普通班，触目都是对手。一些家长对这项制度有意见，可学校仍然坚持这种做法。

对于考试决定快慢班学生流动的做法，一位教育业内人士并不讳言。据她介绍，在一些很出名的重点高中，确实存在这种现象。目的就是抓尖子生，抓重点大学升学率，这也是各校之间激烈的高考竞争造成的结果。她说，采取这种做法的高中无异于揠苗助长，在短期内确实起到了一定的效果，但从长期看却对学校的整体发展不利。因为这种激励部分学生的做法，很容易使老师忽视一些学习成绩中下游的学生，对他们放羊不管。而且对于少部分成绩优秀的学生来说，也会造成心理压力，不利于高考成绩的稳定发挥。

（根据《新华网》2006年09月29日 文章改写）

补充生词

1	欣喜	xīnxǐ	形	glad, joyful, happy
2	频繁（頻繁）	pínfán	形	frequently, often
3	激励（激勵）	jīlì	动	encourage, inspire, impel, urge
4	身心俱疲	shēnxīnjùpí	固	mentally and physically exhausted
5	白热化（白熱化）	báirèhuà	动	turn red hot
6	触目（觸目）	chùmù	动	wherever one looks, everywhere
7	尖子	jiānzi	名	the best, the top
8	升学率（升學率）	shēngxuélǜ	名	proportion of students entering schools of a higher level
9	忽视（忽視）	hūshì	动	ignore, neglect, overlook
10	放羊	fàngyáng	动	set sb. free, let sb. do as he likes
11	稳定（穩定）	wěndìng	形, 动	stable, steady, stabilize
12	发挥（發揮）	fāhuī	动	bring into play, elaborate, fully express

1. 请写出下列情况中出现的描述对学生有负面影响的关键词语。
   Identify the key words that describe the negative impact on students in the following situations.

第四单元　教　育

情　况	关键词语
高中生上网控诉学校"拔苗助长"。	控诉、"拔苗助长"
小冯开始进入快班时内心很欣喜,可频繁的"激励考试"让他身心俱疲,甚至想主动申请退回原班级。	
为此班里的竞争呈现白热化,谁都不愿意回到普通班,触目都是对手。	
一些家长对这项制度有意见,可学校仍然坚持这种做法。	
采取这种做法的高中无异于"拔苗助长",在短期内确实起到了一定的效果,但从长期看却对学校的整体发展不利。	
因为这种激励部分学生的做法,很容易使老师忽视一些学习成绩中下游的学生,对他们放羊不管。	
而且对于少部分成绩优秀的学生来说,也会造成心理压力,不利于高考成绩的稳定发挥。	

2. 根据短文（二）,判断下列句子是否正确。

   According to the text, decide whether the following statements are true or false.

   （1）学校实行快慢班制度,对学校的整体发展不利。
   （2）有的学生觉得在快班学习太累,已经自愿回到慢班去了。
   （3）学校成立快班的目的是培养尖子生,提高重点大学升学率。
   （4）大部分家长反对学校分快慢班。
   （5）考试以后,所有的学生都可以从慢班去快班。
   （6）在一些很出名的重点高中,学校采取用考试决定快慢班学生流动的做法。
   （7）学校抓尖子生,抓重点大学升学率是各校之间高考竞争造成的结果。
   （8）对部分成绩优秀的学生来说,考试决定快慢班学生流动的做法也会给他们造成心理压力。

3. 小组讨论

   Group discussion

   （1）在你们国家,学校分不分快慢班？怎么分？
   （2）你觉得分快慢班好不好？为什么？

4. 作文

   Composition

   把你在学校学习时的正面或负面经历写下来。

   Describe your positive or negative learning experiences in school.

4.2 外来学生超四分之一　北京教育难承"外源"

新学期开学,外来人口子女就学问题又成为人们关心的热点。近几年,解决流动人口子女读书问题已经成为北京市教委的重头工作,但政策越好,进京的学生越多,入学工作困难越大。

据介绍,2004年北京出台政策:外来农村务工人员子女在北京上学可以免交借读费。政策出台后,一年之间,外来人口子女数量从28万猛增到38万。而在2000年,这一数字仅为8万。今年,因为西部一些地区出台义务教育减免政策,一些学生回流,但北京市外来人口子女数量仍然接近37万,超过了全市学生总数的1/4。

"已经出现为孩子上学而进京打工的现象,有的外来务工人员带着四五个孩子来北京,就为解决教育问题,甚至出现了专门的'学生进京中介'。"昨天市教委有关负责人介绍了目前北京的流动儿童状况,并对这一现象表示担心。

目前,全市37万外来人口子女在公办中小学借读的占63%,约22.8万人,是2001年公办学校接收人数(7.5万人)的三倍。尽管这几年公办学校不断扩大招生数量,但在未经批准的自办学校中上学的外来学生人数仍在不断增加。目前在北京的9个区中,共有241所未经批准的自办打工子弟学校,就读的外来学生近10万人。这些学校大多办学条件简陋,校舍、消防、交通和食品卫生等方面存在较多的安全隐患。根据调查,241所未获批准的学校中,有132所存在严重安全隐患,直接威胁着4.2万名学生的生命安全。在一次安全检查中,一辆核定载客17人的"校车",被塞进了67个学生。

这241所学校几乎全都不具备最基本的教学设施、设备。多数学校未按国家规定的课程开课,教师没有受过正规的训练,而且没有课程计划、教学方案。可见这些学校的教育教学质量无法得到保证。有关专家认为,这样发展下去将造成教育的二元结构:在公办学校上学的孩子能接受良好的教育,而部分外来人员子女在不合格的教育环境下可能成为"边缘群体"。

(根据《北京晚报》2006年9月7日的文章改写)

Vocabulary List 生词表

1	出台（出臺）	chūtái	动	publish or implement (a policy, measure, etc.)
2	回流	huíliú	动	back-flow, back
3	简陋（簡陋）	jiǎnlòu	形	(of house, facility, etc.) simple and crude
4	消防	xiāofáng	动	fire-fighting, fire control, fire prevention
5	隐患（隱患）	yǐnhuàn	名	hidden danger
6	威胁（威脅）	wēixié	动	threaten, endanger, threat
7	核定	hédìng	动	check and ratify, appraise and decide
8	载客（載客）	zàikè	动	carry passengers
9	塞	sāi	动	fill in, stuff in
10	二元结构（二元結構）	èryuán jiégòu		dual structure
11	群体（群體）	qúntǐ	名	group of (population)

Language Notes 语言注释

未 not, not yet

用在书面语中。

It is used in written Chinese.

(1) 一些打工子弟学校的教师未受过正规训练。

　　Some teachers in the schools for migrant children have not received formal training.

(2) 民工子弟上学的难题尚未完全解决。

　　The difficulty for migrant children to go to school is not completely resolved.

▶ 用口语说出下列句子的意思。

　 Use colloquial Chinese to paraphrase the following sentences.

　(1) 上网可查期房、未售、待售商品房信息。

　(2) 当车门未关或未关严时，公共汽车不能行驶。

　(3) 本新闻评论均系网友自行发布，其内容未经证实，仅代表发布者个人观点，不代表本网站。

　(4) 任何人未经原作者的授权许可，不得擅自使用本站信息与作品资源。

语言练习 Language Practice

一、词汇练习(Vocabulary Practice)

1. 用汉语说出下列词组的意思。
   Explain the meaning of the following words/phrases in Chinese.

   (1) 流动人口　　　　　　(2) 重头工作
   (3) 进京中介　　　　　　(4) 义务教育
   (5) 扩大招生　　　　　　(6) 安全隐患
   (7) "边缘群体"　　　　　(8) 二元结构

2. 根据课文的上下文，选择下列词语的正确意思。
   Based on the context of the text, choose the correct meaning of the following words.

   (1) 就学
       a. 只学习，不做事　　b. 只要去学校学习　　c. 在学校上学
   (2) 重头
       a. 头疼　　　　　　　b. 重点　　　　　　　c. 重量
   (3) 免交
       a. 不需要交　　　　　b. 不同意交　　　　　c. 不一定交
   (4) 回流
       a. 来了又回去了　　　b. 走了不回来了　　　c. 不用回来了
   (5) 借读
       a. 借书看看　　　　　b. 暂时就学　　　　　c. 请人读书
   (6) 不具备
       a. 没准备　　　　　　b. 还没有　　　　　　c. 没设备

二、阅读理解 (Reading Comprehension)

1. 根据课文内容判断下面哪些情况不利于打工子弟在北京上学。请选择所有合适的回答。
   Based on the text, decide which of the following situations are not helpful for migrant children to go to a Beijing school. Please choose all that apply.

   a. 进京的外来人口子女越多，入学工作困难越大。
   b. 外来农村务工人员子女在北京上学可以免交借读费。
   c. 因为西部一些地区出台义务教育减免政策，一些学生回流。

d. 北京市外来人口子女数量超过了全市学生总数的1/4。

e. 家长为孩子上学而进京打工。

f. 在未经批准的自办学校上学的外来学生人数仍在不断增加。

g. 有外来学生就读的学校办学条件都很简陋，校舍、消防、交通和食品卫生等方面也存在较多的安全隐患。

h. 外来学生就读的学校都没有课程计划、教学方案，所以教育教学质量无法保证。

2. 找出5个例子来说明打工子弟学校教育质量存在的问题。

List five examples of poor quality education found in schools established for migrant children.

学校的教育质量问题：

(1) _____

(2) _____

(3) _____

(4) _____

(5) _____

3. 下面哪些反映了作者的立场？选择所有正确答案。

Which of the following reflects the author's position on the issue? Select all correct answers.

a. 作者对北京市政府对外来人口子女就学的政策非常不满。

b. 作者认为外来人口子女数量太大，北京有些承受不了。

c. 作者认为外来人口子女不应该在北京上学。

d. 作者认为外来人口子女在北京上学存在很多问题。

e. 作者担心部分外来人员子女在不合格的教育环境下可能成为"边缘群体"。

三、听力练习 (Listening Comprehension)

（请听录音 4-4）

根据录音4-4填入信息。

Listen to Audio Clip 4-4 and fill in the missing information.

(1) 贺先生为 _____ 发愁。

(2) 学校告诉贺先生 _____。

(3) 贺先生的女儿因为 _____ 学校没有录取她。

(请听录音 4-5)

根据录音4-5填入信息。
Listen to Audio Clip 4-5 and fill in the missing information.
家长是怎么设法让孩子入学的？
_____。

(请听录音 4-6)

根据录音4-6回答问题。
Listen to Audio Clip 4-6 and answer the following question.
为什么大多数的公办学校不能接收全部前来报名的农民工子女？
_____。

四、念一念，说一说，写一写 (Reading, Speaking, and Writing)

先念下面的短文，再回答问题。
Read the following passages and answer the questions.

（一）

杨先生来包头做生意四五年了，没有固定住所，一直租房住。孩子今年8岁，他告诉记者："孩子去年就已够上学年龄，可因为我们是外来人员没有报上名入学，没办法，等了一年，今年我早早和居住片内的学校要求孩子入学，可是学校回复说，要等教育局的通知安排，现在不敢收，回去等消息吧。我们父母又怕耽误了孩子的教育，到处托人为孩子入学，反馈得到的信息是外地人要收建校费3000元钱，真不知该怎么办啊？为了孩子实在没办法，也得咬咬牙花这个钱呀，外地人干啥事都难。"

（根据《内蒙古晨报》2005年9月2日文章改写）

▶ 短文（一）的意思是：
The main idea of the first paragraph can be best described as:
a. 杨先生的孩子入学难是因为他是外地人。
b. 杨先生没钱买房子只好租房子。
c. 教育局不让外地人的孩子入学。

（二）

"民工子女上学难啊！"这是一位"桥头部队"成员王师傅对记者的感慨，他说自己去年为了孩子有一个好的学习环境，才离开了农村来到包头打工的，可万没想到上

第四单元 教育

个小学就这么难,"说实在的我们农村盖房这么难也不过如此了,又是找人又跑腿的,唉,再难也得让孩子上学,不能耽误了孩子,我们打工的也非常重视孩子的教育。"

(根据《内蒙古晨报》2005年9月2日文章改写)

▶ 短文(二)的意思是:

The main idea of the second paragraph is:

a. 这位民工没想到他的孩子在城里上学这么难。

b. 这位民工比城里的父母更重视孩子的教育。

c. 这位民工到城里打工就是为了赚钱。

(三)

也有部分打工人员子女在包头的就学情况还算顺利。一位在青山区以卖菜为生的外地人向记者道破"天机":"我的一个孩子今年刚报上名,没费什么劲,一个原因是普通的学校生源较紧张,再就是孩子在这个学校已上了一年的学前班。但不是所有的学校都能顺利上。我们一个老乡所租的房子正好在口碑不错的一个学校片内,按理说应该能上那个学校吧,可照样进不去,花钱也不好进。"

(根据《内蒙古晨报》2005年9月2日文章改写)

补充生词

1	道破	dàopò	动	point out frankly, reveal
2	天机(天機)	tiānjī	名	secret, nature's mystery
3	生源	shēngyuán	名	source of students
4	口碑	kǒubēi	名	public praise

▶ 1. 根据短文(三),选择文中提到的所有观点。

Choose all the correct answers based on the content of the third paragraph.

a. 这个外地人的孩子上学很顺利,因为他认识这个学校的领导。

b. 这个外地人为孩子上学花了很多钱,所以他的孩子才顺利地上了学。

c. 这个外地人的孩子已经在这所学校上了一年的学前班,所以就顺利地报上了名。

d. 这个外地人的孩子上学很顺利,因为他们选的学校生源比较紧张。

2. 小组讨论

Group discussion

下面是一些对民工孩子进城上学的看法，你们同意吗？请把你们同意或不同意的原因写下来，然后在全班报告你们小组的意见。

The following represents some prominent views towards migrant children attending urban schools. Do you agree with these views? Please justify your position and give an oral report in class about your group's opinion.

观　点	同意/不同意	原　因
民工子女进城上学也进不了好学校，只能成为"边缘群体"。		
民工子女进城上学要花很多钱，不值得。		
民工子女可以在自己的家乡接受义务教育，没有必要来城市上学。		
民工子女去打工子弟学校或者公办学校上学，都可以受到很好的教育。		
民工子女进城上学给城里的学校带来了很多麻烦。		
城里的学校应该负责城市学生的教育，而不应该负责民工子女的教育。		
无论是城市学生还是农村学生都应该受到高质量的教育。		
不是城市的学校不愿意接受民工子女，而是城市学校的资源有限，不可能满足每个学生的需要。		

3. 假设你是一个报社的记者。你去采访了一些人，了解他们对民工子女进城上学的看法。请你写一篇文章，报道一下他们的看法。

Suppose you are a newspaper reporter interviewing people about migrant children's education in cities. Please write an article reporting on their views.

第四单元　教　育

4.3　"实用"成了大学生的生活关键词

20多年前,到基层去,到边疆去,到祖国最需要的地方去,是一代大学毕业生的理想选择。现在,到国外去,到外资或中外合资企业去,到挣钱多的地方去,成了一些大学生的主流选择。

他们的关注焦点——物质利益和短期回报

河北大学青年发展研究中心近日发布了《大学生生活质量调研报告》。调查发现大学生的思维方式已经发生了根本性的转变,那就是从重理想转向重现实。从高考的竞争到专业的选择,从为学费发愁到为求职焦虑,大学生开始直面事关自身前途命运的各种现实问题。这些问题已经成为他们关注的焦点。

调查结果反映出多数学生重功利,讲实惠,注重物质利益和短期回报,而对远大理想和精神价值的追求显得软弱。在回答"你的理想和追求是什么"的问题时,64.5%的人选择了"事业成功,生活满意",10.6%的人选择了"家庭生活幸福",1.9%的人认为是"个人的名利"。此外,还有14.7%的人回答"人格的完善",1%的人说要"为共产主义而奋斗"。

他们的学习动力——将来找份好工作

采访中记者感觉到,绝大多数的大学生都对自己的未来有比较清晰的规划,而这也正是他们在大学学习的主要动力。43.8%的人认为自己的学习动力是"将来找份好工作",38.4%的人认为是"报答父母的养育之恩",43.6%的人认为学习是为了"实现自己的价值",33.4%的人认为目的在于"提高能力、完善人格"。此外,还分别有14.0%、9.7%和7.8%的人认为,学习的动力来自"各方面的压力"、"报效国家"和"赢得他人赞许"。

在职业选择上,大学生更加注重自我价值的实现和经济收入的多少,表现出了很强的务实性。过去,大学毕业分配时,有人喊出了"老三到"的口号,即到基层去,到边疆去,到祖国最需要的地方去。而现在,"新三到"——到中外合资或外资企业去，到国外去，到挣钱多的地方去——却成了当代大学生的主流选择。

（根据人民网2006年6月12日《中国青年报》文章改写）

生词表 Vocabulary List

1	基层（基層）	jīcéng	名	grass-roots unit, basic/primary level
2	边疆（邊疆）	biānjiāng	名	border area, frontier
3	外资（外資）	wàizī	名	foreign investment, foreign capital, forcign owned
4	合资（合資）	hézī	动	joint capital or venture, pool capital
5	主流	zhǔliú	名	mainstream
6	关注（關注）	guānzhù	动	follow (an issue) closely, to pay close attention, close attention
7	焦点（焦點）	jiāodiǎn	名	focus, focal point; central issue
8	回报（回報）	huíbào	动	repay, reciprocation, payback
9	思维方式（思維方式）	sīwéifāngshì	名	way of thinking
10	发愁（發愁）	fāchóu	动	be worried about, be anxious
11	焦虑（焦慮）	jiāolǜ	形	agitated, anxious
12	前途	qiántú	名	future, career prospects
13	命运（命運）	mìngyùn	名	destiny, fate
14	功利	gōnglì	名	rank, fame and fortune, material gain
15	实惠（實惠）	shíhuì	名，形	real benefit, material gain

16	人格	réngé	名	character, moral quality, personality, human dignity
17	完善	wánshàn	形，动	perfect, consummate, improve
18	共产主义（共產主義）	gòngchǎnzhǔyì	名	communism
19	奋斗（奮鬥）	fèndòu	动	struggle, fight, strive
20	清晰	qīngxī	形	clear, distinct, explicit
21	规划（規畫）	guīhuà	动，名	program, plan, layout, project blueprint, draw up a plan, map out a plan
22	报效（報效）	bàoxiào	动	render service to repay sb.'s kindness
23	务实（務實）	wùshí	动，形	be pragmatic

Language Notes 语言注释

1 而 various meaning of 而

"而"是连词，具有许多不同的意思。常用在书面语中。

而 is a conjunction with many meanings. It is often used in written Chinese.

a. and

(1) 因为博客，王先生的生活变得亲切而真实了。

Because of Web log, Mr. Wang's life has become warm and realistic.

(2) 这篇文章深刻而生动。

This article is both profound and vivid.

b. in comparison, but

(1) 城市网民普及率为16.9%，而乡村网民普及率仅为2.6%。

The percentage of Internet users in the urban population was 16.9%. In contrast, the percentage in the rural population was only 2.6%.

(2) 而现在，到中外合资或外资企业去，到国外去，到挣钱多的地方去却成了当代大学生的主流选择。

But now comparing to the past, the majority of university students choose to go to joint-ventures, foreign companies, foreign countries, and places where offer a high income.

c. to indicate the cause, result, purpose, condition, etc. (而 is placed before the verbal phrase.)

(1) 有人说要"为共产主义而奋斗"。

Some say they will work hard for communism.

(2) 在城里，因教育资源不足而造成打工人员子女入学难。

In cities, due to insufficient educational resources, it is difficult for migrant children to go to school.

▶ 请说说下列句子中的"而"是什么意思。

State the meaning of 而 in the following sentences.

(1) 作为一家商业软件公司，需要不断发展新客户才能持续赢利，所以公司不可能为了老客户的升级时间而故意推迟新版本的发布时间，从而影响新客户的购买。

(2) 从小到大，我只学了两门语言——德语和英语，父母就是某外语大学的德语老师，从小学开始我就学习德语，而英语我是从初一才开始学的。

(3) 请遵守中华人民共和国的有关法律和法规，尊重网上道德，承担一切因您的行为而直接或间接引起的法律责任。

(4) 中国企业最主要的竞争优势是成本优势，而品牌是最为薄弱的环节。

(5) 现在用人单位到高校选聘毕业生，对专业要求相对淡化，而更看重学校的名气和学生的综合素质。

(6) 保护环境是重要而紧迫的任务。

2 即 namely, that is

(1) 有人喊出了"老三到"的口号，即到基层去，到边疆去，到祖国最需要的地方去。

Some have used the old slogan of "three to's", that is, to the grass-root organizations, to the border regions, and to places where the country needs us most.

(2) 农历新年，即春节，是全家团聚的节日。

The Lunar New Year, that is, the Spring Festival, is when the whole family gathers together.

▶ 下面哪些句子中的"即"具有"就是"的意思？

In which of the following sentences, 即 has the meaning of "that is"?

(1) 招聘启事上通常都要求"学历证、学位证、身份证复印件、小一寸相片"，实际上只需发电子邮件简历和照片即可。

(2) 微软公司于昨日发布了应用于XP平台的IE7正式版，可是24小时内即被丹麦一家安全公司查出漏洞。

(3) 洋山保税港区有意推行优惠计划，即内地货物只要启运即可享受退税的优惠。

(4) 据了解，本市一些社区正在探索尝试"居家养老、社区养老、机构养老、互助养老"四种养老新模式，使老人不出社区即可获得医疗保健、文体娱乐等服务。

(5) 在每日50万篇中文博客文章中，45%的文章即22.5万篇是由每周至少更新一篇文章的"博客用户"提供的。

(6) 在一些非洲国家，由于经济发展缓慢，对不少大学生而言，毕业即失业。

Language Practice 语言练习

一、词语练习 (Vocabulary Practice)

1. 请写出5个与"大学生生活"有关的词。
   List five words associated with the life of college students.

   _____ _____ _____ _____ _____

2. 请根据课文的内容，判断下列动词和名词能否组成合适的动宾词组。
   Based on the text, decide if the verbs in Column A can take the nouns in Column B to form a "verb + object" phrase.

动 词	名 词	动宾词组
(1) 重	a. 短期回报	
(2) 讲	b. 现实	
(3) 实现	c. 实惠	
(4) 追求	d. 物质利益	
(5) 赢得	e. 理想	
(6) 注重	f. 功利	

3. 用汉语说出下列词组的意思。
   Define the meaning of the following words/phrases in Chinese.

   (1) 主流选择　　　　(2) 物质利益
   (3) 短期回报　　　　(4) 思维方式

(5) 精神价值   (6) 完善人格
(7) 报效国家   (8) 自我价值

二、阅读理解 (Reading Comprehension)

1. 请根据课文内容，判断下列句子是否正确反映了大学生的"实用"观念。
   Based on the text, decide whether the following statements reflect university students' pragmatic values.

   a. 到基层去，到边疆去，到祖国最需要的地方去。
   b. 到国外去，到外资或中外合资企业去，到挣钱多的地方去。
   c. 重功利，讲实惠，注重物质利益和短期回报。
   d. 追求远大理想和精神价值。
   e. 追求事业成功，生活满意。
   f. 追求家庭生活幸福。
   g. 让父母和亲友高兴。
   h. 注重报效国家和赢得他人赞许。
   i. 注重提高能力、完善人格。
   j. 注重自我价值的实现和经济收入的多少。

2. 你同意下列观点吗？请说明你为什么同意，为什么不同意。
   Do you agree with the following opinions? Please state your reasons.

观　点	同意／不同意	原　因
上大学的目的是为了将来找份好工作。		
上大学的目的是为了报答父母的养育之恩。		
上大学的目的是为了个人的名利。		
上大学的目的是为了提高能力、完善人格。		
上大学的目的是为了实现自己的价值。		
上大学的目的是为了报效国家。		
上大学的目的是为了赢得他人赞许。		

三、听力练习 (Listening Comprehension)

（请听录音 4-7）

根据录音 4-7，回答下列问题。
Answer the questions according to Audio Clip 4-7.

（1）这段录音主要说的是哪些人？

_____

（2）大学四年级的学生一般都在忙什么？

_____

（3）大四的学生用哪些方法找工作？

_____

（请听录音 4-8）

根据录音 4-8，回答下列问题。
Answer the following questions based on Audio Clip 4-8.

（1）对于招聘单位进校园招聘，教育部有什么规定？

_____

（2）招聘会对大学生有哪些正面影响？

_____

（3）招聘会对大学生有哪些负面影响？

_____

四、念一念，说一说，写一写 (Reading, Speaking, and Writing)

改革开放以来，中国社会的各方面都发生了巨大变化，大学生择业取向的变迁则成了社会变革的"晴雨表"，在不同时期呈现出不同的特点。

（一）

第一阶段（70年代末80年代初）

当时，国家对毕业生采取"统一招生、统一报考、统一分配"的政策，是计划经济体制下的统一指令性分配。大学生一跨入大学校门就成为国家的人，拥有铁饭碗，无需考虑毕业以后找工作的问题，到哪里工作，做什么工作，都由组织决定。80年代大学生的择业标准：第一位社会地位，第二位社会意义，第三位发挥个人才能和报酬。大学生择业，绝大多数愿意去的是"铁饭碗"、没有"风险"的大城市全民所有制单位，很少有人愿意去集体所有制或个体经营单位。

（根据《思想理论教育》2003年第五期67～70页改写）

补充生词

1	统一（統一）	tǒngyī	动,形	unify, unite, integrate, unified, unity
2	招生	zhāoshēng	动	enroll new students, recruit students
3	指令	zhǐlìng	动,名	order, command
4	报酬（報酬）	bàochou	名	reward, remuneration, pay

▶ 根据短文（一）完成下列句子。

Complete the following statements according to the first reading passage.

（1）70年代末80年代初大学毕业生的工作是 ＿＿＿＿＿＿＿＿＿＿＿＿＿＿＿。

（2）80年代初大学生的择业标准是 ＿＿＿＿＿＿＿＿＿＿＿＿＿＿＿＿＿＿。

（3）80年代初大学生绝大多数愿意去 ＿＿＿＿＿＿＿＿＿＿＿＿＿＿＿＿＿。

（4）80年代初大学生绝大多数不愿意去 ＿＿＿＿＿＿＿＿＿＿＿＿＿＿＿。

（二）

第二阶段（80年代中后期）

当时，绝大多数毕业生仍服从国家分配，有一批"志在四方，献身四化"的优秀毕业生，但是就业制度的改革使毕业生择业状况发生了变化。首先，就业主动性增强，大学生有了自己选择的空间，表现为：希望留在大城市，不愿去郊区或农村；希望留在家乡，不愿去外地；希望留在内地，不愿去边疆；希望留在机关，不愿去基层；希望在"三院"（科学院、高等院校、设计院），不愿去生产第一线。校园里流行"红道、黄道、黑道"。"红道"即走仕途，"黄道"即经商，"黑道"则是出国。在这个阶段，大学生择业价值取向逐渐由"社会价值型"向"经济价值型"转变，把经济利益、物质待遇放到了相当重要的地位。

（根据《思想理论教育》2003年第五期67~70页改写）

补充生词

1	志在四方	zhìzàisìfāng	固	go far away from one's home and aspire to a great career
2	献身（獻身）	xiànshēn	动	devote oneself to, dedicate oneself to, dedication, self-devotion, self-sacrifice
3	四化	sìhuà	名	four modernizations
4	仕途	shìtú	名	official career

第四单元 教育

> 根据短文（二），判断下列句子是否正确。

Based on the second passage, decide whether the following statements are true or false.

（1）80年代中后期绝大多数毕业生服从国家分配。
（2）80年代中后期的大学生不可以自己选择工作。
（3）80年代中后期的大学生不愿意留在机关，愿意去基层。
（4）80年代中后期的大学生希望留在大城市，不愿去郊区或农村。
（5）80年代中后期的大学生开始喜欢经商。
（6）80年代中后期的大学生把经济利益、物质待遇放到了相当重要的地位。

（三）

第三阶段（90年代初期）

90年代初期，由于经济的快速发展，大学生的价值取向日趋分化，视野逐渐转向现实。他们的竞争意识、风险意识增强，敢于在市场经济中竞争。同时，绝大多数大学生追求务实化，把求职和成才结合在一起，既考虑个人价值，又考虑社会价值，通过实现个人价值，来达到社会价值的实现。不少人先学科学文化知识，再到市场经济大海中寻求发展。

（根据《思想理论教育》2003年第五期67～70页改写）

补充生词

| 1 | 取向 | qǔxiàng | 名 | orientation |
| 2 | 视野（視野） | shìyě | 名 | perspective, horizon |

> 根据短文（三）的内容回答问题。

Answer the following questions according to the third passage.

（1）90年代初期的大学生有哪些新的意识？
_____

（2）90年代初期的大学生追求什么？
_____

（3）90年代初期的大学生求职考虑哪些问题？
_____

（四）

第四阶段（90年代中后期至今）

2000年基本上实现了高校毕业生就业制度改革。至此，通过供需见面、双向选择、自

173

主选择的比例在全国已达 50—60%，上海达到 80—90%。这样，单一的国家分配模式已被打破，由国家一次分配而"终身定位"已成为不可能。于是先选择一个可以生存的职业，然后再通过自己的努力，通过职业流动，"逐步到位"实现自我价值，成为当前大学生一种现实的择业取向。

（根据《思想理论教育》2003 年第五期 67～70 页改写）

1. 根据短文（四），判断下列句子是否正确。
   Based on the fourth passage, decide whether the following statements are true or false.
   （1）2000 年以后的大学毕业生国家不管分配了。
   （2）2000 年以后的大学毕业生多半自己选择工作。
   （3）2000 年以后的大学毕业生由国家分配而"终身定位"。
   （4）2000 年以后的大学毕业生找工作就是为了"一步到位"实现自我价值。
   （5）2000 年以后的大学毕业生先选择一个可以生存的职业，然后再努力，"逐步到位"。

2. 请访问两位大学生，把他们上大学的目的写下来，并在班里口头报告。下面的表格可以帮助你整理信息。
   Interview two college students to determine their main reasons for attending college. Write down the information and make an oral report in class. The following table may help you organize the information.

大学生的名字	
大学生所在的大学	
大学生上大学的主要目的	
大学生毕业后的计划	
大学生的个人理想	

3. 请用你得到的信息写一篇 150-200 字左右的短文。
   Use the information you have gathered to write a 150-200-word essay.

第四单元　教　育

第四单元　补充练习

一、小组讨论 (Group Discussion)

主持人：如今，大多数家庭只有一个孩子，为了不让孩子输在起跑线上，很多家长恨不得拔苗助长。于是，各种教育理论应运而生。那么，什么样的教育才是成功的教育？请网友们各抒己见。

（一）

网友一：有些家长认为只有培养出"神童"才是成功。他们不惜重金投资，把孩子送进各类辅导班、培训学校等等。这些小小"神童"们，除了吃饭、睡觉外，大部分业余时间被"学"和"练"所占有。其实，剥夺了幼儿的游戏权利对孩子的成长并无好处。有这样一件事：一位父亲陪女儿参加兴趣小组的学习，女儿学琴，父做琴童；女儿学棋，父做棋童……到后来，父亲感慨地说："唉，几年下来，孩子什么也没学成，我倒学了个琴、棋、书、画样样精通。"这个例子发人深省。

（根据《生活时报》2000年6月22日马丽娟的文章改写）

▶ 讨论问题：

(1) 这段话提到的主要问题是什么？

(2) 有些父母认为怎样才能培养出"神童"？

(3) 父亲陪女儿参加兴趣小组学习的例子要说明什么？

（二）

网友二：有一个大学一年级的男生，因为"坐到桌子前面不知该干什么好"，来找我咨询。

当我询问了他过去的成长史之后了解到，从幼儿园开始，他的父母就给他找了家庭教师。在此后的小学、初中、高中时期里，他一直是在家庭教师的指导下学习的，结果很顺利地考入了理想的大学。一旦成了大学生，就必须自主地进行学习了，可是他的自主性一点也没有受到过培养，不得已，最终他只好退学了。

他的情况是：虽然对自己的未来感到不安，想考虑一下该怎样做，却不知如何去思考。究其原因，我们可以看出，他的父母为了让他进入理想的大学，一切都为他事先安排好了，连最终的目标也是父母为他决定的，根本没有他自己的东西。

（根据《中华育儿网》2002年10月31日的文章改写）

▶ 讨论问题：

（1）这个大学生遇到了什么问题？

_____

（2）网友二为什么要说这个故事？他想给父母什么建议？

_____

（三）

网友三：某幼儿园大班教师看到一个孩子在哭，便问他为什么。原来孩子的父亲买回许多活青蛙，并对孩子说"把青蛙杀掉，美餐一顿"，而老师又教育孩子要保护青蛙。孩子跟父亲讲了老师的话，父亲不但不听，反而把孩子骂了一顿。孩子因此而哭泣。老师知道情况后与孩子的父亲联系，后来父亲放弃了吃青蛙的计划，并跟孩子一起把青蛙放归大自然。这件事值得回味和反思：幼儿分辨是非能力差，但模仿能力强，家长一定要为孩子做个好榜样。

（根据《生活时报》2000年6月22日马丽娟的文章改写）

▶ 讨论问题：

（1）请复述一下这个故事。

_____

（2）幼儿有什么特点？根据这些特点，家长应该怎样进行教育？

_____

二、听力练习 (Listening Comprehension)

（请听录音 4-9）

根据录音4-9回答问题。
Answer the following questions based on Audio Clip 4-9.

（1）千军万马过独木桥描述的是什么情况？

_____

(2) 在中国，上普通高中是不是比较容易？

_____

(3) 在中国，"千军万马过独木桥"从什么年龄就开始了？

_____

（请听录音 4-10）

根据录音 4-10，判断下列句子是否正确。
Based on Audio Clip 4-10, decide whether the following statements are true or false.

(1) 在兰州几乎所有的高中报考人数都超过招生人数。
(2) 无论是普通高中还是重点高中，报考人数都在招生人数的十倍以上。
(3) 虽然兰州的初中升学率比较低，全国的初中升学率却超过了80%。
(4) 目前，全国的高中升入大学的比率已经上升到80%以上。
(5) 在中国上大学比上高中更难。

三、阅读 (Reading)

（一）

目前，我国的教育投入约占国内生产总值的3%，低于世界平均5%的水平。我国小学、中学、高等学校在校学生比例为80：16：1，而教育经费投入比则与此相反，约为1：3：52；我国中小学的在校生占全世界的1/4，而其教育经费却只占全世界相应经费的1/145。

在这样的大背景下，那些进城务工人员子女很难在城市找到属于自己的课桌，面对公办学校高额的借读费和隐性收费，只好无奈地选择办学条件差的打工子弟学校。

打工子弟学校伴随进城务工人员的脚步应运而生，但学校的现状却不容乐观。北京现有的近300所打工子弟学校中，大部分没有办学许可证，没有固定的校舍，也没有正规的教师队伍。但是，这些学校寄托着外来务工人员对未来的希望。

（根据《新华网》2005年12月5日转载的《工人日报》的文章改写）

▶ 讨论
Discussion

(1) 根据短文（一），总结一下中国教育投入的情况。
(2) 如果一个国家的教育经费不足，会给那个国家的教育带来哪些困难？
(3) 打工子弟学校的出现跟中国的教育投入大背景有哪些直接的关系？

(二)

海淀打工子弟今秋将就读公办中小学

今天上午,海淀区教育主管部门首次向媒体通报了海淀区为期4个月的整顿非法打工子弟学校进展情况。

海淀区教委主任孙鹏说,海淀区约15000名打工子弟今秋将就读公办中小学,并承诺让该区每一名打工子弟有学上,上好学。

孙鹏介绍,海淀区共有流动少年儿童51900余人。其中34564人在公办小学、初中借读,其中小学生27680人,初中生6884人;还有约2300人在经批准的民办学校就读,另有约15000名学生在39所未经批准的流动人口自办学校就读。

这次整顿打工子弟学校的原因是:这些未经批准的流动人口自办的学校普遍存在重大安全隐患,主要表现在危房、应急处理、火灾、用电、食品卫生、煤气中毒、交通等多方面,安全形势非常严峻,极易出现危及师生生命和财产安全的重大事故。

鉴于部分未经批准的打工子弟学校擅自提前放暑假,造成部分学生家长没有收到《告学生家长书》的实际情况,9月1日新学年开学后,海淀区教育主管部门将继续深入打工子弟学校,力争把《告学生家长书》发放到每一个学生家长手中。(记者 曹晓芳)

(根据《新华网》2006年8月10日转载的《人民日报》文章改写)

▶ **根据短文(二),回答下列问题。**
Answer the following questions based on the second article.

(1) 这则新闻的主要内容是什么?

_____

(2) 海淀区为什么要整顿打工子弟学校?请至少找出5个具体原因。

_____

(3) 那些原打工子弟学校的学生今年秋天可以去哪里上学?

_____

(4) 海淀区教育部门对打工子弟做出了什么承诺?

_____

(5) 在关闭非法打工子弟学校的过程中,海淀区教育部门遇到了什么问题?他们打算怎么解决这个问题?

_____

（三）

再过十多天就要开学了，提起新学期，北京市海淀区37所农民工子弟学校的老师、学生和家长的心里七上八下的。

记者现场：北京社会小学是北京市第一所农民工子弟学校。创办13年来他们光搬家就搬了11次。然而今年秋天，这些孩子们还能不能回到这些教室读书现在仍然是个疑问。

在北京海淀区教委公布的37所非法打工子弟学校关闭名单中，社会小学名列第一。7月4号，海淀区教委正式决定关闭社会小学时，由于多数农民工子弟学校已经放假，很多师生和家长刚刚知道学校被关停的消息。

北京社会小学教师艾华：担心我们失业呀！学生没地方上学，这么多学生。

北京红星小学学生：红星学校又要拆了，我也不知道要去哪里上学了。

福建打工者：这突然间说学校怎么怎么样，马上开学了，我们真的还没有心理准备。

被责令关停的37所学校分布在海淀区外来人口聚集的城乡结合部，涉及一万五千多名在校学生，之所以被定为"非法"，是因为学校没有经过教育部门的审批，而学校"启动资金不得低于100万元"、必须拥有"两百米环行跑道"等审批"硬指标"是打工子弟学校难以实现的。此外，37所学校被叫停，还有安全原因。

北京市海淀区教委副主任王建忠：有些学校是危房，还出现了裂缝，包括电线私搭乱建，还有消防设施不健全不完备。另外还有一些校车也存在很多安全隐患，安全问题我们要严格把关。

（根据《新华网》2006年8月15日转载的CCTV文章改写）

1. 根据短文（三）内容，选择正确的答案。

   Choose the correct answers based on the third article.

   （1）一些农民工心里七上八下的原因是：

       a. 打工子弟学校要搬家了。

       b. 打工子弟学校放假了。

       c. 打工子弟学校要关闭了。

   （2）有些家长刚刚知道学校要关闭的消息，因为：

       a. 他们没有心理准备。

       b. 政府发出通知的时候，学校已经放假了。

       c. 他们住在城乡结合部。

   （3）一名福建打工者认为，打工子弟学校关闭的主要原因是：

       a. 这些学校在城乡结合部。

       b. 这些学校无法达到教育部门审批的硬指标。

       c. 这些学校的校车有问题。

(4) 教育部门的官员指出，打工子弟学校关闭的主要原因是：

　　a. 这些学校存在严重的安全隐患。

　　b. 这些学校都在危房里。

　　c. 这些学校的启动资金低于100万。

2. 请再读一遍短文（二）和短文（三），并回答下列问题。
Read Articles 2 and 3 again and answer the following questions.

(1) 这两篇短文报道的是同一件事吗？你如何知道？
_____

(2) 这两篇短文在报道具体情况的时候，有什么不同吗？
_____

(3) 你喜欢短文（二）的报道还是短文（三）的报道？为什么？
_____

(4) 短文（二）提到了几种观点？短文（三）呢？
_____

（四）

走进上海某区一民工子弟学校，几乎找不到学校的感觉：20多平方米的"教室"，光线昏暗，连窗户都没有，却挤着七八十名学生在上课。

这是现有民工子弟学校的"通病"。学校主办者廉价租借民居、闲置厂房、破旧仓库等作教室，环境很差，有的甚至与垃圾场比邻。80%左右的学校没有操场，其他活动设施更无从谈起。学校卫生状况尤其让人担忧：学生餐具不经严格消毒，饮用水也未经处理，一旦引发群体食物中毒和传染性疾病，后果严重。

消防和交通安全隐患多多。不少学校的教室电线老化，厨房里液化气和煤炉混用。有的学校为了扩大生源，实行跨地区招收，而接送学生用的班车，大都是几乎报废的旧车。近日，某区交巡警接连查处多起民工子弟学校班车超载事件，其中一辆19座中巴，竟塞了84名小学生。

硬件差劲，软件更让人担忧：创办民工子弟学校的外来人员，少数曾在家乡当过教师，大部分是从工程项目承包者、小商小贩、建筑工、清洁工、保姆等职业"转岗"，"半路出家"办教育，既无资质，又少有人正在"充电"深造。还有不少人将办学当做自己赚钱获利的一条"捷径"。如有个校长先以"义务教育"的名义，一口气办了十多所民工子弟学校，转眼间又将这些学校连生源一起转让，从中获得百万元收益。

由于缺少管理，绝大多数学校对教师需具备什么条件、学校应开什么课程、教学质量

第四单元 教育

该达到什么水准……皆由办学者自定。而老师大多数是乡里的亲戚、朋友，且大都没任职资格，缺乏教学经历，甚至连小学文化程度者也站上了课堂的讲台。

法律赋予了适龄儿童接受义务教育的权利。很多外来流动人口子女，将是城市里成长起来的第二代"移民"，重视他们的教育，有利于上海人口素质的提高。在市委、市政府的关心下，近年来上海已做了不少努力。

各区县众多公办学校正在努力吸纳符合条件的外来流动人口子女就学,现在中小学借读的已达9.65万人。然而，由于缺少暂住证、务工证、孩子出生证等借读条件，加之同乡情结、生活习惯相近，以及收费较低等原因，到民工子弟学校就学的人数，近年仍不断上升。

许多专业人士建议：有关部门应加紧对现有民工子弟学校的审核，进一步明确民工子弟学校的办学、教学质量标准，以及办学者和师资的资格要求。

（根据《中国教育先锋网》2004年2月4日缪毅容和董宁的文章改写）

1. 短文（四）提到了一些民工子弟学校存在的问题。请从文章中找出具体的例子来说明下列问题。

   The fourth article lists some existing problems at migrant schools. Please find detailed examples from the article to illustrate these problems.

问　　题	例　子
不像学校（没有学校的感觉）	
学校的环境很差	
学校的消防安全隐患	
学校的交通安全隐患	
教师的质量差	
学校的管理很差	

2. 根据短文（四），下面哪些原因造成了民工子弟不去公办学校上学的结果。请选择所有合适的。

   Based on the fourth article, decide which of the following reasons have caused migrant children not to attend public schools. Please choose all that are applicable.

   民工子女不去公办学校就学，是因为：

   a. 学费太贵。

   b. 教学质量有问题。

   c. 民工缺少暂住证。

181

d. 民工子女缺少出生证。

e. 公办学校不是同乡办的。

f. 民工没有务工证。

g. 民工子女不习惯城市的生活习惯。

h. 民工子女不会说上海话。

i. 公办学校的学费比民工子弟学校贵。

3. 关于整顿民工子弟学校，专业人士给了教育部门哪些建议？

_____
_____
_____

四、辩论 (Debate)

把全班同学分成两组。各选一种观点进行辩论。

Form two teams, each with an opposing view, and hold a class debate.

观点一：

　　选择职业最重要的标准是：钱多不多，福利好不好。

观点二：

　　选择职业最重要的标准是：工作是不是和自己的专业对口，对自身发展有没有利。

五、作文 (Composition)

谈谈你自己的择业标准？哪些方面比较重要？哪些方面不太重要？为什么？

Outline your criteria in selecting a profession. Which factors are most or least important to you? Why?

第五单元

就 业

Unit 5 Employment

热身活动 Warm-up Activities

结对讨论
Work in pairs

1. 你们认为下面哪些反映了当前中国大学毕业生找工作和就业的真实情况？
   In your opinion, which of the following reflects the current job hunting and employment situations for college graduates in China?
   (1) 学习成绩好的大学毕业生都打算考研。
   (2) 中国的大学毕业生找工作很容易。
   (3) 中国的大学毕业生通过各种渠道找工作。
   (4) 中国用人单位重学历轻经验。
   (5) 大学生跳槽都是为了"高薪"。
   (6) 人们觉得一个人的学历高，他的能力就高。
   (7) 名牌大学的毕业生求职不用愁。
   (8) 许多大学毕业生都想出国留学深造。

2. 全班讨论：你们对上述情况有什么看法？请用一两个例子支持你的观点。
   Class discussion: What are your opinions on the above situations? Please use one or two examples to support your view.

对话 Dialogue

劳拉在学生食堂碰见了三年级学生小王。

劳拉：小王，很久不见了，你最近都忙些什么呢？
小王：忙着找工作呗。
汤姆：你才大三，离毕业还有一年多，急什么？
小王：现在大学毕业生找工作挺难的，竞争特别厉害，不提前准备不行。
劳拉：你学习成绩那么好，怎么不考研啊？
小王：现在用人单位不仅仅用学历来衡量一个人，他们更重视一个人的工作经验和其他方面的能力。

劳拉：原来这样。那你除了准备求职简历以外，现在又能做些什么呢？

小王：能做的事多着呢。我去书店买了一些介绍求职的书刊，还报名参加了一个求职培训班。另外，我一有时间就上网查看有关信息。

劳拉：看来你还真挺忙的，难怪我们好几次聚会，你都没参加。你现在把那么多的时间和精力都放在找工作上，这会不会影响学习？

小王：多少有点儿影响，不过问题不大。现在找工作，用人单位不光看你在学校的学习成绩，还要看你方方面面的能力。

劳拉：提早找工作也不错，这是在社会上学习和锻炼的好机会，很多东西在学校里或课堂上是学不到的。如果你能找到一个理想的工作，这辈子就可以高枕无忧了吧？

小王：谁说的？那是老皇历了。现在很少有人抱着在一个单位干到退休的想法。年轻人大学毕业先工作两年，积累一点儿经验，然后就跳槽。这种现象已经很普遍了。

劳拉：那什么"大锅饭"呀，"铁饭碗"啊，都过时了吧？

小王：早过时了。现在是市场经济。你可以跳槽，用人单位也可以解雇你。很多事业单位和企业单位还搞竞争上岗呢！

劳拉：中国这些年变化真大！可是总是换工作也挺麻烦的。在一般情况下，年轻人为什么要跳槽？

小王：嗨，跳槽的原因很多。有的是为了高薪，有的是觉得工作单调、枯燥、没意思，也有的是觉得自己所在的单位或个人所从事的领域没什么发展前途。还有的人不喜欢自己的工作环境，不喜欢自己的上司。

劳拉：看来在就业方面，大家能越来越自由地去选择适合自己的职业和自己喜爱的工作环境了。

生词表 Vocabulary List

1	学历（學歷）	xuélì	名	record of formal schooling, record of education, educational background
2	衡量	héngliáng	动	measure, evaluate, evaluation
3	精力	jīnglì	名	energy, vigor
4	方方面面	fāngfāng miànmiàn	名	every aspect, every side
5	高枕无忧（高枕無憂）	gāozhěn wúyōu	固	worriless
6	跳槽	tiàocáo	动	change jobs
7	普遍	pǔbiàn	形	universal, general, widespread, common
8	大锅饭（大鍋飯）	dàguōfàn	固	eating from the same pot (equal pay to everyone regardless of one's contribution)
9	铁饭碗（鐵飯碗）	tiěfànwǎn	固	iron rice bowl, secure job
10	过时（過時）	guòshí	形	old-fashioned, obsolete, out-of-date
11	上岗（上崗）	shànggǎng	动	take over a shift, begin work, be employed
12	单调（單調）	dāndiào	形	monotonous, tediously repetitious
13	枯燥	kūzào	形	dry and dull, uninteresting
14	领域（領域）	lǐngyù	名	field, sphere, realm

第五单元 就 业

5.1 就业形势严峻，毕业生求职忙

"求职"、"简历"、"招聘会"眼下正成为高校里的热门词汇。由于就业形势日趋严峻，在今年的求职大潮中，毕业生们各显神通，使出了不少新招数，如自制求职网页、制作电子简历、上求职培训班等。

自制求职网页：既是"推销"也是展示实力

华工的小吴早在大三下学期就开始制作自己的求职网页。打开小吴的网页，我们看到一个丰富的个人世界。网页上除了个人简历外，还有小吴的得意作品，甚至个人日记和心情散文，页面漂亮，内容充实。小吴告诉记者："现在我求职只需发出个人网页地址，有兴趣的公司就会给我留言，发出意向，不仅节约成本，也提高了效率。"他还会随时上传一些新的资料，保证更新速度。

紧盯求职BBS：不放过每一条有用信息

针对一些大企业的招聘会，学生们也十分注意每一条有用的信息。BBS (Bulletin Board System) 电子公告版随之大受欢迎。在这些公告版上，或者贴出大叠的外企面试技巧和心得，如女应聘者面试完该主动与男考官握手，男应聘者则应该等女考官伸出手再握……；或者搬出"前辈"们的应聘经验，如从某公司总经理、主考官的个人喜好出发，对面试技巧进行有针对性的研究……；某大学的BBS甚至把招聘公布会用视频来重现，点击率相当高。

参加招聘会：把求职也当成锻炼

尽管有老师担心过早到来的招聘活动会影响学生的学习，可毕业生们却不这样认为。"招聘会早早举办不但让我们有充分的求职时间，更给了我们一个锻炼的机会，大四课程很少，不会影响学习的。"

据记者了解，学生对一些提早进校的企业招聘会期望并不高，真正想

早早就决定毕业去向的学生也不多,很多人都是抱着测试一下自己能力的心理参加的,他们把参加招聘会当做正式找工的练兵场。

(根据《人民网》2003年10月23日转载《新快报》文章改写)

生词表 Vocabulary List

1	严峻（嚴峻）	yánjùn	形	severe, serious, grave, critical
2	各显神通（各顯神通）	gèxiǎnshéntōng	固	show special prowess
3	招数（招數）	zhāoshù	名	strategic move
4	展示	zhǎnshì	动	reveal, show
5	实力（實力）	shílì	名	actual strength, ability
6	得意	déyì	形	pleased with oneself, proud of oneself, complacent, conceited
7	作品	zuòpǐn	名	works (of literature and art)
8	心情	xīnqíng	名	mood, frame of mind
9	散文	sǎnwén	名	prose, essay
10	意向	yìxiàng	名	intention, purpose
11	效率	xiàolǜ	名	efficiency, productivity
12	叠（疊）	dié	动	overlap, pile up, fold
13	公布（公佈）	gōngbù	动	promulgate, announce, publish
14	重现（重現）	chóngxiàn	动	reappear
15	点击（點擊）	diǎnjī	动	click
16	期望	qīwàng	动	expect, expectation, hope
17	心理	xīnlǐ	名	psychology, mentality, mental, psychological, thoughts

第五单元　就　业

Language Notes 语言注释

1 日趋 gradually, with each passing day, day by day

"日趋"是书面语，意思是"一天比一天"，"越来越……"。

日趋 is used in written Chinese, with the meaning of "day by day", "gradually".

(1) 城市的基础设施日趋完善。

   The infrastructure in the city is gradually perfected.

(2) 在竞争日趋白热化的移动通信市场，"价格战"似乎已成为运营商必用的手段。

   In an increasingly competitive mobile telecommunication market, "price wars" have become a necessary measure for many business operators.

▶ 在下列句子中适当的地方填入"日趋"。

　 Insert 日趋 into the following sentences.

   (1) 由于海湾地区局势紧张，该地区某些国家的领导正斥巨资购买武器，以应对别国的军事威胁。
   (2) 博客服务商竞争激烈，近20%站点已关闭。
   (3) 一项最新研究指出，由于学校和家长忽视运动的重要性，香港学童肥胖问题严重，估计逾两成学童超重。
   (4) 随着房地产业的迅速发展，中国房地产估价行业监管制度完善。
   (5) 近年来的各项研究和统计显示，海外华人后代的异族通婚情况普遍。尽管如此，不少华人家长仍难以接受这种现象。

2 随之 along with it

"随之"是一个介词短语，常用在动词短语之前。意思是"前边提到过的因素或情况可能会带来的后果"。"随之"一般用在书面语中。

随之 is a prepositional phrase, often used before a verbal phrase. It means along with the situation mentioned before, the following consequence may happen. It is used in written Chinese.

(1) 全国煤炭价格普遍上涨，电价是否也会随之上涨成为大家关心的问题。

   Prices for coal have increased nationwide. Whether electricity price will consequently rise has become many people's concern.

(2) 受西伯利亚冷空气的影响，今天将有西北大风，同时气温也将随之下降。

   Because of the cold air from Siberia, today there will be strong northwest wind and consequently the temperature will drop.

189

▶ 在下列句子中适当的地方填入"随之"。

Insert 随之 into the following sentences.

(1) 小公司有小公司的竞争方法,中型公司有中型公司的竞争之道,大型公司有大型公司的竞争法宝。因为竞争层次不同,竞争手法也要改变。只有适者才能生存,才能获胜。

(2) 随着手机技术的发展,无线上网也开始普及。

(3) 中国贸易顺差仍处于快速增长之中,如果此种趋势继续,那么人民币汇率弹性也将增加。

(4) 如果中国的需求下降,澳大利亚经济的增长率也会下滑。

3 则 in comparison

"则"是副词,常用于书面语中。

则 is an adverb. It is often used in written Chinese.

(1) 父母希望他成为医生,他则想成为说唱歌手。

His parents hope that he will become a doctor, but he wants to become a hip-hop singer.

(2) 中年人看重稳定,年轻人则追求新奇。

Middle-aged people value stability, whereas young people pursue novelty.

▶ 用口语说说下列句子的意思。

Paraphrase the following sentences with colloquial Chinese.

(1) 据说骆驼的眼睛是放大镜,而鹅眼则是缩小镜。

(2) 截至目前,澳大利亚已成为中国第九大贸易伙伴,中国则跃居澳大利亚第二大贸易伙伴,第二大出口市场和进口的来源地。

(3) 根据中国机械工业联合会的统计,汽车在政府采购物品中始终占据前三位,去年全国政府采购公车花了500多亿元,今年则将一举突破700亿元。

(4) 教育部宣布全国1.5亿农村中小学生今年全免学杂费。实行这项政策后,每个农村小学生年均减负140元,初中生则减负180元。

Language Practice 语言练习

一、词语练习 (Vocabulary Practice)

1. 请写出5个与就业、求职有关的词。
   Write five words that are related to employment and job hunting.

   _____ _____ _____ _____ _____

2. 请根据课文内容，在A栏动词和B栏名词之间连线，组成合适的动宾词组。
   Based on the text, construct a "verb + object" phrase by drawing a straight line between a verb in Column A and a noun in Column B.

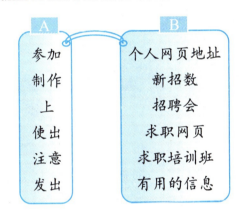

3. 用汉语说出下列词组的意思。
   Define the meaning of the following words/ phrases in Chinese.

   (1) 日趋严峻　　(2) 各显神通　　(3) 新招数
   (4) 展示实力　　(5) 练兵场

二、阅读理解 (Reading Comprehension)

1. 请根据课文，完成下列句子。
   Based on the text, complete the following statements.

   (1) 现在大学毕业生找工作并不容易，所以_____。

   (2) 因为_____，所以大学毕业生使出了不少新招。

   (3) _____，可以节约成本，提高效率。

   (4) BBS电子版很受欢迎，因为_____。

   (5) 大学毕业生认为提早找工作_____。

191

（6）很多毕业生把参加招聘会当做_____。

2. 你同意下面的观点吗？请说明你为什么同意，为什么不同意。

Do you agree with the following opinions? Please state your reasons.

观　　点	同意/不同意	原　　因
上求职培训班很有用。		
上网求职是浪费时间。		
BBS 电子公告板上的信息不可靠。		
准备求职个人简历非常重要。		
面试技巧没什么用。		
在求职网页上"推销"自己太过分了。		
找工作，越早越好。		
招聘会参加得越多越好。		

三、听力练习 (Listening Comprehension)

下面是一个大学毕业生的三次求职经历。

（请听录音 🎵 5-1）

根据录音 5-1，回答问题。
Answer the questions according to Audio Clip 5-1.

（1）陆唯的择业标准是什么？

_____

（2）这家公司为什么没有录用陆唯？

_____

（请听录音 🎵 5-2）

根据录音 5-2，回答问题。
Answer the questions according to Audio Clip 5-2.

（1）陆唯去这家公司面试的结果怎么样？

_____

(2) 陆唯最后为什么没去这家公司上班?

_____

(请听录音 5-3)

根据录音 5-3,回答问题。
Answer the questions according to Audio Clip 5-3.

陆唯去这家保险公司上班了吗?为什么?

_____

四、念一念,说一说,写一写 (Reading, Speaking, and Writing)

(一)

近年来,大学生因专业选择、职业选择而引发的心理障碍,已经成为很多大学生的心理问题了。

记者了解到,毕业班学生疲于应付五花八门、接踵而来的招聘会,一方面他们还要完成课业,不得缺课,一方面他们又唯恐失去找工作的机会。而更让他们苦恼的是,举办招聘会的企业各有打算,个别企业并非前来诚聘人才,而是另有所图,令他们深感受骗上当。

一些多次参加过招聘会的同学说,有些用人单位纯粹在利用举办招聘会的形式在校园做广告宣传,企业本身很清楚需要什么样的专业人才,却故意搞个全校招聘会,为企业造势,导致一些毕业生一次又一次无效应聘,不但身心疲惫,而且找工作的自信心严重受挫。

(根据《中国科大新闻网》的文章改写)

补充生词

1	应付(應付)	yìngfù	动	deal with, cope with, handle
2	五花八门(五花八門)	wǔhuā bāmén	固	a great variety
3	接踵而来(接踵而來)	jiēzhǒng'érlái	固	arrive [come] one after another in rapid succession
4	受骗上当(受騙上當)	shòupiàn shàngdàng	固	be tricked, be made a fool of

5	纯粹（純粹）	chúncuì	形，副	pure, purely, completely, entirely
6	故意	gùyì	副	intentionally, deliberately, on purpose
7	造势（造勢）	zàoshì	动	put a spin on sth.
8	受挫	shòucuò	动	suffer a setback

▷ 根据短文（一）完成下列句子。
Based on the first passage, complete the following statements.

(1) 大学生在 _____ 和 _____ 方面有心理障碍。

(2) 大学生疲于 _____。

(3) 大学生苦恼的是 _____。

(4) 大学生找工作的自信心严重受挫，因为 _____。

（二）

"我们鞋厂数我学历最高。看仓库的本科大学生，不知道我算不算全国头一个？"站在广东佛山市某鞋业有限公司的仓库门口，一头长发、颇有点艺术气质的大学生胡良奎这么说。胡良奎是学广告专业的，当过安徽财经大学文学与艺术传媒学院学生会副会长，自诩在大学里算是个才气纵横的另类人物，简历中，他声称著有长篇小说一部。

其实，他去年在合肥曾找到过几份工作，最高的一份给他1400元/月，但他觉得像他这样的大学生至少也值2000元/月。此后他从合肥折腾到广州，又从广州、福州、深圳一路折腾到佛山。广州不少广告公司只给600元/月的底薪，深圳的一些广告和销售公司更狠，底薪一分不给，只拿业绩提成。他两手空空来到在佛山打工的父母身边，进了这家鞋厂。现在，他的工资是每月800块钱。

近几年，中西部应届毕业生洪流，正在以越来越大的规模涌向北京和东南沿海大城市。这一涌流与大学扩招直接相关。2001年全国高校毕业生只有114万，2003年，第一批扩招本科生进入就业市场后毕业生成倍增长，逾212万。2005年和2006年的高校毕业生各增长到330万与413万，分别是2001年的近3倍、近4倍。

然而，中西部的经济社会条件显然无法吸纳成倍上涨的毕业生。于是继20世纪八九十年代的"民工潮"之后，21世纪初，一股来自中西部的"大学生潮"开始形成，大规模地涌向吸纳能力相对较强的北京和东南沿海大城市。有论者指出，近年北京地区和东南沿海地区每年至少吸纳全国高校一半的大学毕业生。

然而一个城市的吸纳力是不可能极速膨胀的。随着毕业生数量的增长，一些大学毕业生正在演变成胡良奎式的大学生找工"新盲流"。

（根据《南方新闻网》南方周末2006年4月6日的文章改写）

补充生词

1	气质（氣質）	qìzhì	名	qualities, personality
2	传媒（傳媒）	chuánméi	名	media
3	自诩（自詡）	zìxǔ	动	brag, boast
4	才气（才氣）	cáiqì	名	talent
5	纵横（縱橫）	zònghéng	形，动	length and breadth, vertically and horizontally, sweep over, full of
6	另类（另類）	lìnglèi	名，形	other kind, belong to a subculture
7	人物	rénwù	名	character
8	折腾（折騰）	zhēteng	动	turn from side to side, cause physical or mental suffering, do sth. over and over again
9	底薪	dǐxīn	名	base pay, basic salary
10	业绩（業績）	yèjì	名	achievement, accomplishment
11	提成	tíchéng	动	draw a percentage
12	洪流	hóngliú	名	powerful current
13	规模（規模）	guīmó	名	scale, scope, extent
14	吸纳（吸納）	xīnà	动	admit, accept, take in
15	继（繼）	jì	动	continue, succeed, follow, afterwards
16	膨胀（膨脹）	péngzhàng	动	expand, swell, inflate

1. 根据短文（二），判断下列句子是否正确。

   Based on the second passage, decide if the following statements are true or false.

   （1）胡良奎在大学所学的专业跟现在的工作没有关系。

   （2）胡良奎决定去鞋业公司看仓库，因为他是个才气纵横的另类人物。

   （3）胡良奎大学毕业以后，还没有找到过工作，所以只能来看仓库。

   （4）胡良奎发现，一般的公司付给大学生的工资比他想的要低。

   （5）近年来，高校扩大招生使得进入就业市场的大学毕业生成倍增长。

   （6）中国各地的经济社会条件都不能完全吸纳要求就业的大学毕业生。

   （7）相比之下，大城市吸纳大学生就业的能力比中西部强。

   （8）有些大学生不了解一个城市的就业情况，就盲目地去那儿找工作。

2. 短文（二）主要要说明什么问题？（选择最合适的回答）

What is the main issue that is discussed in the second article? Choose the most appropriate answer.

a. 胡良奎在各地找工作的经历。

b. 胡良奎找工作有困难，是因为他觉得大学生应该得到较高的工资。

c. 大学扩招以后，给大学生的就业市场带来了较大的压力。

d. 中西部的大学生涌入北京和东南沿海地区找工作。

e. 有些大学生没有经过仔细考虑就盲目地去一个地区找工作。

（三）

在大学生就业压力之下，涌现出富有传奇色彩的"面霸"和"考霸"。

3月底，广东海洋大学国贸专业的应届本科生吴锦方终于找到了一份1000元/月的营销工作，脱下了"面霸"的帽子。"面霸"是今年大学毕业生的一句行话，是指乐此不疲参加面试的人；"面霸"再被拒绝无数次的就成了"拒无霸"。

为了在广州找到一份工作，吴锦方在今年2月份的20天内在网上投了近1000份简历，"连吃饭时都按着键盘投几下"。他得到过30多个面试机会，他赶了20多个，"差不多有两个星期，我就是部面试机器，从早到晚都排满了面试"。他对薪水的预期也随次递减，从1800元降到1500元，再降到1000元。"如果连每月1000元的工作都找不到，那我只有离开广州了。"幸好，他最终找到了工作。

中国政法大学政治管理学院政治学专业的王胜德，被同学戏称为"考霸"。从去年12月25日起，他去过十几个城市考公务员，"国家公务员、检察院、法院、北京、上海、大连、福州、广州、深圳……"为了考公务员，他已经花了5000多元，这3个多月中有三分之二的时间在路上。3月31日晚11时，他最后对记者说，明天自己还要踏上去天津考公务员的路。

这位"考霸"其实是站立在一个庞大的数字前。据教育部门公布，2006年的公务员报考人数与计划录用的合格人数比例约为43∶1，超过了2005年37∶1的平均报考比例。即400多万毕业生中，只有3%的人能实现这个愿望。武汉大学法学院300多名硕士毕业生差不多全部报考了公务员，最后被录取的只有五六个人，这几位"成功人士"成为年级里的传奇人物。报考公务员因为这种激烈竞争而在各大高校里"白热化"起来。

（根据《南方新闻网》南方周末2006年4月6日的文章改写）

补充生词

1	乐此不疲（樂此不疲）	lècǐbùpí	固	always enjoy
2	递减（遞减）	dìjiǎn	动	decrease progressively
3	庞大（龐大）	pángdà	形	big, huge, enormous
4	传奇（傳奇）	chuánqí	名	legend

1. 根据短文（三）的内容，回答下列问题。

    Answer the following questions according to the third passage.

    （1）"面霸"和"考霸"是什么意思？

    _____

    （2）"面霸"、"考霸"这两个新词反映了什么社会现象？

    _____

2. 根据以上信息写一篇150—200字左右的短文，谈谈大学生择业和就业方面的问题，并尽量谈一谈下面的话题。

    Use the above information to write a 150-200-word essay on some issues related to job-hunting of college graduates in your country. Try to write one of the following topics.

    （1）大学生找工作的经验

    （2）大学生找工作的困难

    （3）大学生找工作的烦恼

5.2 跳槽是钥匙，但不是万能钥匙

如今很少有人抱着在一家公司干到退休的想法，跳槽已是一件十分自然的事情。高薪和发展空间是促成跳槽的两大因素。"高薪"虽然吸引人，但高薪工作的工作环境并不一定适合你；"空间"是条广阔的前程道路，但如果将来的顶头上司独断专行，新的办公室关系纷杂不清，"发展空间"可能就会出现偏差。面对新的机遇，我们更该考虑的是，新工作能否证明自己的实力，新的工作环境能否帮助提升自己的能力。每次跳槽都要为履历增加丰富的经验，或者谋求一份良好的工作环境。

如今，这个社会一切都在变化中，没有绝对稳定的职业或绝对稳定的福利保障。你要时刻想到这一现实，并要积极地而不是消极地面对这一现实。

如果你认为在现实社会中没有稳定的工作，那就不妨考虑作为临时员工或为自己打工。无论在什么时候，你应该一直都在考虑寻找新工作。

在职业发展方面，你是否真的愿意按部就班，每天做着同样的事情，过着单调枯燥的生活？在一些特定的情况下，你会发现你现在的职业让自己极

其痛苦，或者感到你需要改变自己的职业。通常来说会有一些征兆显示你的工作需要改变。比如你厌倦了每天所做的工作，或者在充满敌意的环境中工作，或者感觉到你的公司及你的领域没有发展前途，同时还有一些非工作因素，这些都会促使你跳槽。

另外，保持热情和新鲜感是很重要的工作态度。所以，跳槽并不是万能手段，当你不再愿意为工作付出时，你首先要考虑的并不是换工作，而是调整自己的状态。

（根据《中国青年报》2003年10月22日和《新华网》2004年10月11日文章改写）

Vocabulary List 生词表

#	词	拼音	词性	英文
1	空间（空间）	kōngjiān	名	space
2	广阔（廣闊）	guǎngkuò	形	vast, wide, broad, extensive
3	前程	qiánchéng	名	future, prospect, career
4	独断专行（獨斷專行）	dúduànzhuānxíng	固	act in an authoritarian manner
5	纷杂不清（紛雜不清）	fēnzábùqīng	固	complicate and not clear
6	偏差	piānchā	名	error, deviation
7	机遇（機遇）	jīyù	名	opportunity, favorable circumstances
8	绝对（絕對）	juéduì	形, 副	absolute, unconditional
9	福利	fúlì	名	material benefits, wellbeing
10	保障	bǎozhàng	动, 名	guarantee, security
11	消极（消極）	xiāojí	形	negative, passive, inactive
12	现实（現實）	xiànshí	名, 形	reality, actuality, practical, pragmatic
13	临时（臨時）	línshí	形, 副	temporary, temporarily
14	按部就班	ànbùjiùbān	固	follow the prescribed order, conform to old customs
15	特定	tèdìng	形	specially designated or appointed, specific
16	痛苦	tòngkǔ	形	pain, suffering, agony, painful
17	征兆（徵兆）	zhēngzhào	名	sign, indication
18	厌倦（厭倦）	yànjuàn	动	be weary of, be tired of
19	充满（充滿）	chōngmǎn	动	full of, be filled with
20	敌意（敵意）	díyì	名	hostility
21	促使	cùshǐ	动	impel, urge, cause, bring about
22	调整（調整）	tiáozhěng	动	adjust, regulate, adjustment

语言注释 Language Notes

1 不妨 might as well, there is no harm

(1) 如果你的顶头上司独断专行，你不妨考虑跳槽。
If your immediate supervisor is authoritarian, you might as well think about changing a job.

(2) 你不妨把参加招聘会当做正式找工作的练兵场。
You might as well use job fairs as practice sessions for looking for a job.

▶ 请为以下情况，另外提一条建议。你的建议请用上"我认为，……不妨……"。
Please make another suggestion for the following situations. Be sure to use 我认为，……不妨…… in your suggestion.

(1) 笔者看到一位警察朋友的新警察证增添了"血型"一项。笔者认为，不仅是警察证，其他诸如老年证、残疾证、教师证、学生证等证件上不妨也标明血型信息。
我认为，除了证件以外，在＿＿＿＿＿＿＿＿＿＿上也不妨加上"血型"一项。

(2) 春节将至，我们不妨网上拜年。
我认为，我们还不妨＿＿＿＿＿＿＿＿＿＿拜年。

(3) 饮食营养对于失眠有着不可小觑的作用，常失眠不妨试试食疗。
我认为，失眠还跟工作压力有关。失眠的人不妨＿＿＿＿＿＿＿＿＿＿。

(4) 从现在到初七，如果火车票买不到，飞机票又嫌贵，你不妨试试坐汽车。
我认为，你也不妨考虑＿＿＿＿＿＿＿＿＿＿。

(5) 现代人多离不开电脑，一天下来，眼睛太累。常用电脑的人，最好的休闲运动，就是打乒乓球。
我认为常用电脑的人不妨＿＿＿＿＿＿＿＿＿＿。

(6) 如果房价涨势仍然不降，则新一轮调控措施势必出台，想买新房的购房者不妨再等等看。
我认为如果你真心想买房，不妨＿＿＿＿＿＿＿＿＿＿。

2 通常来说 generally speaking

(1) 通常来说，良好的工作环境有利于提高工作效率。
Generally speaking, a good working environment is beneficial to raising productivity.

(2) 通常来说，外企的工资比较高。
Salary in a foreign company is generally higher.

完成下列句子。

Complete the following sentences.

(1) 通常来说，快餐店 _____。

(2) 通常来说，去沃尔玛买东西 _____。

(3) 通常来说，家长都希望孩子 _____。

(4) 通常来说，参加体育运动 _____。

3 及 and

"及"常用在书面语中。

及 is usually used in written Chinese.

(1) 大会的主题是劳工福利及劳资关系。

The themes for the conference are worker benefits and the relationship between management and labor.

(2) 关于最新规定，您可去政府及有关机构的网页查询。

You may go to the government website and the website of other related organizations to learn about the new regulations.

Language Practice 语言练习

一、词汇练习 (Vocabulary Practice)

1. 用汉语说出下列词组的意思。

Explain the meaning of the following words/phrases in Chinese.

(1) 独断专行　　　　(2) 纷杂不清

(3) 发展空间　　　　(4) 出现偏差

(5) 福利保障　　　　(6) 按部就班

(7) 充满敌意　　　　(8) 万能手段

2. 下列每组词语中，第一个是动词，其余三个是名词。请判断一下，哪些名词可以和动词组成动宾词组。

In each of the following groups of words, the first word is a verb, and the rest are nouns. Decide whether you can use the verb and any of the nouns to form a "verb-object" phrase.

(1) 出现　　偏差　　问题　　麻烦

(2) 吸引   跳槽   外资   学生

(3) 面对   机遇   问题   现实

(4) 发现   机遇   偏差   现实

(5) 厌倦   生活   学习   工作

(6) 充满   敌意   热情   欢乐

(7) 调整   状态   时间   痛苦

二、阅读理解 (Reading Comprehension)

1. 根据课文内容进行选择。

    Multiple Choices.

    (1) 下面哪些是跳槽的原因？（多选）

    a. 现在的工作工资高福利好。

    b. 现在的工作环境充满敌意。

    c. 现在的顶头上司独断专行。

    d. 将来的工作发展空间很大。

    e. 将来的工作单调枯燥。

    f. 现在的职业让自己极其痛苦。

    g. 现在的办公室关系纷杂不清。

    (2) 下面哪些原因是跟跳槽有关的？哪些是跟调整自己状态有关的？

    a. 你需要全天在家照顾你的孩子。

    b. 你现在的工资待遇很不好。

    c. 你需要改变自己的职业。

    d. 你不再愿意为工作付出。

    e. 你对做什么事都不感兴趣。

    f. 你厌倦了每天所做的工作。

    g. 你的公司及你的领域没有发展前途。

2. 你同意下面的观点吗？请用例子来支持你的观点。

    Do you agree with the following comments? Please support your opinion with examples.

观　点	你的观点	支持你观点的例子
哪儿工资高就去哪儿		
哪儿工作轻松就去哪儿		
哪儿的老板好就去哪儿		

观　点	你的观点	支持你观点的例子
哪儿离家近就去哪儿		
哪儿的工作环境好就去哪儿		
哪儿的工作有前途就去哪儿		

三、听力练习 (Listening Comprehension)

（请听录音 5-4）

根据录音 5-4 选择所有正确的答案。

Choose all the correct answers according to what you hear from Audio Clip 5-4.

王林跳槽是因为：

a. 他和老板讨价还价，老板没同意。

b. 他需要钱，需要发展空间。

c. 他向老板要求加薪，老板不同意。

d. 他遇到个机会，职位高半级，薪水可望增加 30%。

e. 他所在的公司工作氛围不太理想，人员流动率也很高。

f. 他三年没有加薪，两年没有升职。

（请听录音 5-5）

根据录音 5-5 选择所有正确的答案。

Choose all the correct answers according to what you hear from Audio Clip 5-5.

小许跳槽是因为：

a. 她自己不小心得罪了领导。

b. 领导不让她出头露面。

c. 领导对她不好，对小吴好。

d. 领导对她不公平。

e. 领导不喜欢女的当副经理。

f. 领导不让她当副经理。

（请听录音 5-6）

根据录音 5-6 选择所有正确的答案。

Choose all the correct answers according to what you hear from Audio Clip 5-6.

小青跳槽是因为：

a. 她每天加班到凌晨两点。
b. 她所在的公司发展空间不大。
c. 她看见一位同事累病了。
d. 她月薪太低，才2万。
e. 她没有时间恋爱。
f. 她决定收养一只熊猫。
g. 她不能升任部门经理。

四、念一念，说一说，写一写 (Reading, Speaking, and Writing)

（一）

厌倦工作

厌倦工作的原因十分复杂，而并不仅仅是你偶尔有一天心情不好，或与你的员工、同事和同行的关系十分糟糕，或办公室环境不好。

事实上，你是对所做的某一类工作产生厌倦。这种厌倦逐渐升级至影响你的心理健康，其征兆表现为你早上起来不想去上班。有时候，你只要一想到一天所做的事情就感到心情沮丧。对工作强烈的抵触情绪使你无法体验生活的乐趣和成就感。

如果这样的反应已经成为你生活的一部分，并已持续一段时间，你就应该考虑在工作上做彻底的改变了。记住，这里所讲的不是难处的同事也不是糟糕的工作环境。你真正关心的是你用来谋生的工作。

（根据新华网2004年10月11日文章改写）

补充生词

1	偶尔（偶爾）	ǒu'ěr	副，形	now and then, sometimes, once in a while, occasionally
2	沮丧（沮喪）	jǔsàng	形	discouraged, depressed
3	抵触（抵觸）	dǐchù	动	conflict, clash, oppose
4	情绪（情緒）	qíngxù	名	emotions, feelings, mood
5	体验（體驗）	tǐyàn	动，名	learn through practice, learn through personal experience, experience
6	反应（反應）	fǎnyìng	动，名	react, respond, response, reaction
7	谋生（謀生）	móushēng	动	earn a living, support oneself

请根据短文（一）中的内容来判断下面情况是不是"厌倦工作"的表现并说出你的理由。

According to the above article, decide if the following situations match the description of "feeling weary of your job". Provide your explanations.

厌倦工作	是/不是	说明你的理由
每天早上起来都不想去上班。		
办公室有一个同事不跟你说话。		
觉得生活没有乐趣，工作没有成就感。		
平时心情很好，偶尔有一天心情不好。		
一想到要去上班，心情就特别不好。		
觉得上司和同事都对自己不好。		
离下班还有一个多小时就不停地看表。		
常常忘了下班的时间。		
办公室没有窗户，空气不好，所以你不想去办公室。		

（二）

敌对的工作环境

当你的员工、同事或者同行不断制造麻烦，或者你的工作环境使得你同事或同行不断制造麻烦，那么这也许就是你该跳槽的时候了。千万不要由于考虑稳定的因素，就继续待在目前的工作岗位上。

当你做事处处碰壁，工作环境充满敌意，你再三考虑权衡后，觉得确实已经到了别无选择的时候，那么就必须采取果断的行动，彻底地改变你目前的工作环境。

这种情况下，并不是工作本身或工作类型的问题，而是整个工作环境的问题。这种问题包括领导颐指气使、独断专行；你的下属或同事拉帮结派，使你不能在他们的圈子里有效地履行你正常的工作职能，等等。

敌对的工作环境就像一个敌对的家庭。没有人能够忍受侮辱、心理或生理上的侵害以及任何形式的威吓，因为这会影响你发挥正常的工作能力，而且要承受极大的压力。

生命太宝贵了，我们不能在敌意的环境中浪费一寸光阴。记住，你永远都是自己职业生涯的老板和生命的主宰。如果这个工作实在难以忍受，放弃它，重新找一个。

（根据新华网2004年10月11日文章改写）

补充生词

1	碰壁	pèngbì	动	encounter difficulties, run into a blind alley
2	权衡（權衡）	quánhéng	动	weigh, consider, assess, balance
3	果断（果斷）	guǒduàn	形	resolute, decisive, firm
4	颐指气使（頤指氣使）	yízhǐqìshǐ	固	being bossy
5	拉帮结派（拉幫結派）	lābāngjiépài	固	form cliques
6	圈子	quānzi	名	circle, ring; clique, group
7	履行	lǚxíng	动	perform, fulfill, implement
8	侮辱	wǔrǔ	动	insult, humiliate, humiliation
9	侵害	qīnhài	动	invade, encroach on
10	威吓（威嚇）	wēihè	动	intimidate, threaten, bully
11	发挥（發揮）	fāhuī	动	bring into play, fully express
12	主宰	zhǔzǎi	动,名	dominate, dictate, decide, domination, decision

1. 请根据短文（二）中的内容来判断下面情况是不是"敌对的工作环境"并说出你的理由。

   According to the above article, decide if the following situations match the description of "a hostile working environment". Provide your explanations.

敌对的工作环境	是/不是	说明你的理由
同事不断给你麻烦。		
上司对你上班迟到进行批评教育。		
不论你做什么，同行都批评你。		
很久没有和同事一起出去吃饭了。		
办公室环境不好，同事之间不说话。		
下属或同事拉帮结派。		
领导独断专行。		
你想和领导谈谈，领导总是说没时间。		
你请同事去你家吃饭，他说没空儿。		

敌对的工作环境	是/不是	说明你的理由
有一个同事总是去领导那儿报告别的同事。		
同事常常生病,领导把他们的工作都派给你做。		
有一个同事常常无缘无故地发脾气。		

2. 小组讨论

Group discussion

(1) 除了以上文章中提到的跳槽原因,还有哪些别的原因?

(2) 跳槽有什么好处?有什么坏处?

(3) 跳槽时要注意哪些方面?

3. 作文

Composition

你收到了一位中国朋友的电子邮件,告诉你她准备跳槽,并希望听听你的意见。请你给她写一封150—200字的回信,说一说你认为应该或不应该跳槽的原因。

You have received an email from a Chinese friend. She told you she was planning to change employment and would like to hear your opinion. Please write an email to her and state the reasons why you think she should or should not change job.

你好!最近忙吗?

这几天我老在考虑是不是该跳槽了。转眼我在这家公司已经工作两年多了,说实在的,我挺喜欢干销售的。我的工作有许多出差机会,可以常常去各地走走,也可以见到许多不同的人。同时,公司的待遇也不错。但是除了这两点以外,我简直找不出其他的优点来了。首先,我的上司脾气很坏,一不高兴就训人。有时候我也没做错什么,他就对着我无缘无故地发火,一点也不尊重人。其次,公司常常要我们加班,一星期工作七天似乎是天经地义。加班虽然有加班费,但是属于我自己的时间非常少。为了工作,我没有时间跟朋友聚会,没有时间做自己喜欢做的事,甚至连谈恋爱的时间都没有。我已经28岁了,要是为了工作耽误了结婚,是不是太不值了?

你说我是不是该换个工作了?很想听听你的意见。

5.3 养活自己永远是第一位的

在北大当过老师,在美国刷过盘子、扫过街,如今因为新东方的成功而名利双收的徐小平,在为年轻人做职业生涯设计辅导时总是强调,养活自己永远是第一位的,人的就业与深造应该围绕着这个中心。

为了学历而读书前途会受伤害

一个家境贫苦的农村女孩,高一还没读完就不得不辍学外出打工,如今为"想脱产学习却又无力支付学费"和"如果选择函授边读书边打工,就不能接受正规教育"而苦恼。

徐小平认为,现在企业也好,用人单位也好,孩子的父母,年轻的学生都不自觉地用学历去衡量人,好像没有足够高的学历就不可能成功。徐小平告诉这个女孩,在维持生存都成问题的情况下,如果硬为了学历而读书,前途肯定会受到严重的伤害。"我们应该知道,更高的学历追求并不意味着那个人具备高的能力和高的基础。"

成功是教育和工作经验的平衡

那么,年轻人如何在教育和就业之间做选择呢?徐小平的公式是:成功=教育+经验。

大专毕业的一位青岛姑娘向他咨询:"我是留学还是工作?一个大专生能有什么前途?"这位姑娘希望通过留学,与在海外读书的男友达到同等的成功。"不要留学,因为成功是经验加教育。"徐小平劝说女孩打消了立刻深造的想法。女孩在徘徊之后决定在北京闯荡,积累经验。现在她的年收入已经超过了她男朋友回国后的年薪。她在工作中摆脱了大专生自卑的阴影,同时具备了更大的成就感。

"为读书而读书,为学历而学历,我们在追求过程中竟然忘记了事业成功、生活幸福才是我们的目标。受教育只是成功的手段,如果你通过其他的手段也能获得成功,你就没必要在这些地方浪费时

间。在教育终身化的社会里，教育、工作，再教育、再工作。学历要为职业服务，而不是为学历牺牲职业。"徐小平这样总结。他给年轻人出的主意十分大胆——别考研，去工作；先谋职，再出国。

(根据《中国青年报》2003年9月23日的文章改写)

Vocabulary List 生词表

1	生涯	shēngyá	名	career, profession, livelihood
2	辍学（輟學）	chuòxué	动	discontinue one's studies, drop out of school
3	脱产（脫產）	tuōchǎn	动	be released from one's regular work to take on other duties
4	函授	hānshòu	动	correspondence course
5	苦恼（苦惱）	kǔnǎo	形	distressed, worried
6	维持（維持）	wéichí	动	maintain, keep, preserve; safeguard, support
7	生存	shēngcún	动,名	exist, live, survive, subsistence, survival
8	伤害（傷害）	shānghài	动,名	injure, harm, hurt, harmfulness
9	徘徊	páihuái	动	walk up and down, wander, waver, hesitate
10	闯荡（闖蕩）	chuǎngdàng	动	leave home to make a living or to gain experience
11	摆脱（擺脫）	bǎituō	动	shake off, break away from
12	自卑	zìbēi	形	have low self-esteem, self inferiority
13	阴影（陰影）	yīnyǐng	名	shadow
14	终身（終身）	zhōngshēn	名	lifelong, lifetime
15	大胆（大膽）	dàdǎn	形	bold, daring, courageous

语言注释 Language Notes

1 因……而……because

"因……而……"常用在书面语中，意思是"因为……所以……"。"而"的后边是结果。
因……而……is used in written Chinese, with the meaning of "because". 而 introduces the consequence.

(1) 他因这部小说而一举成名。
Because of this novel, he became famous instantly.

(2) 他们因数次应聘无效而对求职失去了信心。
Because they have been rejected time and again, they have lost confidence in finding employment.

▶ 用"因……而……"改写下面的句子。
Rewrite the following sentences by using 因……而…….

(1) 有些人在晚间饮用了咖啡会失眠。也有些人饮用了过多的咖啡，就会神经紧张。
_____

(2) 许多国家由于暴动变得四分五裂，国力耗尽。
_____

(3) 有些村民沉迷赌博，结果倾家荡产。
_____

(4) 宇航船的发射计划因为天气原因，被迫推迟了24小时。
_____

2 硬 insist on doing something despite difficulty or opposition

"硬"是副词。
硬 is an adverb.

(1) 你没有必要硬为了文凭而念书。
There is no need for you to go to school simply for an education certificate.

(2) 他不顾父母的反对，硬是辞去了现有的工作。
Despite his parents' opposition, he resigned from his current position.

▶ 在下列句子中适当的地方填入"硬"。
Insert 硬 into the following sentences.

(1) 父母要我找与专业相关的职业怎么办？
(2) 公司要大家这个星期日参加体育活动是霸道吗？
(3) 为什么要在迷信前面加上封建两个字？封建就一定迷信吗？
(4) 醉汉打的无钱付车费，要拿高档手机抵车费。
(5) 广州某女闹离婚，要平分老公千万家产。

Language Practice 语言练习

一、词汇练习 (Vocabulary Practice)

1. 根据课文的上下文，选择下列词语的正确意思。
   Based on the context of the text, choose the correct meaning of the following words or phrases.

   (1) 名利双收
       a. 出名了才能有利　　b. 名和利都有了　　c. 名和利是分不开的
   (2) 辍学
       a. 不上学了　　　　　b. 转学了　　　　　c. 被学校开除了
   (3) 正规教育
       a. 成人教育　　　　　b. 业余教育　　　　c. 正式教育
   (4) 深造
       a. 深入研究了解　　　b. 继续接受教育　　c. 深入到社会中
   (5) 徘徊
       a. 走来走去　　　　　b. 来来回回　　　　c. 无法决定
   (6) 闯荡
       a. 到处走走看看　　　b. 天不怕地不怕　　c. 寻找各种机会努力奋斗
   (7) 自卑
       a. 觉得自己很美　　　b. 进行自我批评　　c. 觉得自己不如别人
   (8) 阴影
       a. 不太明显的感觉　　b. 一种竞争感　　　c. 一种不好的感觉
   (9) 成就感
       a. 感到自己快要成功了
       b. 觉得自己已经成功了
       c. 希望自己能够成功

211

(10) 终身化

  a. 健康长寿　　　　b. 一生要做的事　　　　c. 一辈子过去了

2. 根据课文内容连线，使 A 栏的中文词组和 B 栏的英文词组对应。
Based on the text, decide which word/phrase in Columns A matches the English word/phrase in Column B.

A	B
职业生涯	to judge
强调	support oneself or one's family
围绕	career
脱产学习	to imply
函授	be free of
衡量	to emphasize
维持生存	method
伤害	release from regular work to study
意味着	a correspondence course
摆脱	harm
手段	courageously
大胆	focus on

二、阅读理解 (Reading Comprehension)

1. 根据课文内容判断下列观点哪些是徐小平的观点，哪些不是。你的观点和徐小平的有什么不同？
Based on the text, decide which is Xu Xiaoping's opinion. Do you agree with him?

徐小平的观点	是/不是	你的观点
没有足够高的学历就不可能成功。		
有高学历的人不一定能力高。		
要成功就一定要接受正规教育。		
学历要为职业服务。		
为学历可以牺牲职业。		
不要为读书而读书，为学历而学历。		

徐小平的观点	是/不是	你的观点
教育不是成功的唯一手段。		
工作经验和教育一样重要。		
有了好工作就再也不要去深造了。		
现在的社会根本不重视教育。		

2. 请用2个例子来说明徐小平下面的观点。

   Give two examples that are related to the following statements.

   （1）养活自己永远是第一位的。

   （2）为了学历而读书前途会受伤害。

   （3）成功是教育和工作经验的平衡。

3. 下面哪些方面描述了徐小平？哪些方面描述了你自己？（多选）

   What does the following describe Xu Xiaoping? What does the following describe yourself-choose all that applies.

   （1）徐小平：

   a. 是一个成功者。

   b. 曾经是大学老师。

   c. 曾经干过体力活。

   d. 受过很好的教育。

   e. 有社会经验、工作经验。

   f. 名利双收。

   g. 认为教育和经验都很重要。

   h. 认为经验比教育重要。

   i. 认为养活自己最重要。

   （2）你自己：

   a. 是一个成功者。

   b. 曾经是大学老师。

   c. 曾经干过体力活。

   d. 受过很好的教育。

   e. 有社会经验、工作经验。

   f. 名利双收。

   g. 认为教育和经验都很重要。

h. 认为经验比教育重要。

i. 认为养活自己最重要。

三、听力练习 (Listening Comprehension)

(请听录音 5-7)

根据录音 5-7 填入信息。

Listen to Audio Clip 5-7 and fill out the missing information.

(1) 旭彤是广州＿＿＿＿＿＿＿＿＿＿档案系的学生，今年＿＿＿＿＿＿＿＿＿＿。

(2) 旭彤感到了就业＿＿＿＿＿＿＿＿＿＿，所以她想到了＿＿＿＿＿＿＿＿＿＿。

(3) 旭彤父母亲戚的意见＿＿＿＿＿＿＿＿＿＿，有人说＿＿＿＿＿＿＿＿＿＿，也有人说＿＿＿＿＿＿＿＿＿＿。

(4) 旭彤最后决定＿＿＿＿＿＿＿＿＿＿。

(请听录音 5-8)

根据录音 5-8 填入信息。

Listen to Audio Clip 5-8 and fill out the missing information.

(1) 晓棠是广州市某高校＿＿＿＿＿＿＿＿＿＿，她以前的男朋友是＿＿＿＿＿＿＿＿＿＿。

(2) 大四上学期，晓棠获得了＿＿＿＿＿＿＿＿＿＿，男友则决定＿＿＿＿＿＿＿＿＿＿。

(3) 一次偶然机会，晓棠认识了＿＿＿＿＿＿＿＿＿＿黄先生。

(4) 经过一番考虑，晓棠决定＿＿＿＿＿＿＿＿＿＿，选择黄先生。

(5) 晓棠毕业前夕，还放弃了＿＿＿＿＿＿＿＿＿＿，答应黄先生的＿＿＿＿＿＿＿＿＿＿。

(请听录音 5-9)

根据录音 5-9 判断下列句子是否正确。

Listen to Audio Clip 5-9 and decide if the following statements are true or false.

(1) 有的女大学生认为"学得好不如嫁得好"。

(2) 现在很多女大学生只想找个有钱的老公，对毕业后找工作不感兴趣。

(3) 现在很多女大学生认为婚姻是桩很现实的事情，它和个人前途有关。

(4) 现在很多女大学生认为毕业前能找到个好老公很幸运，工作会更有保障。

四、念一念，说一说，写一写 (Reading, Speaking, and Writing)

（一）

毕业后求职 30 次不成功

大学毕业已经两个月了，周军仍然徘徊在人才市场。为了找到称心如意的工作，他已经应聘了 30 次，但是没有一次成功。

周军记得，他毕业后第一次的应聘单位是一家商业网站，主要干文案工作。网站方面开出的基础工资（试用）600 元，转正后 1200 元。对此，他认为对方出价太低，没有答应。他的理想工资标准，最低 1500 元。

之后，他到处应聘，经常进人才市场，前前后后应聘了大约 30 家单位，没有一次成功。要么是他看不起单位，要么是单位看不上他。

某心理咨询室的丁老师建议，大学生求职时，一定要做好心理准备，不要脱离现实。千万不要因为在学校里的成功就认为毕业后也会如此。只要调整好了自己的心态，也许工作机会就在等着。

（根据《重庆青年报》2006 年 8 月 24 日文章改写）

补充生词

1	文案	wén'àn	名	document
2	脱离（脫離）	tuōlí	动	separate oneself from, be away from, out of, break away from

▶ 根据短文（一）回答问题。

Answer the following questions based on Passage 1.

（1）为什么周军大学毕业后一直找不到工作？

_____

（2）丁老师建议大学生求职时应该做哪些准备？

_____

（二）

据上海市留学专家介绍，中国学生出国读硕士的人数明显增多。国家教育部留学服务中心的统计数据显示，1991 年到 2004 年，在该中心办理国外学历学位认证的留学生中，硕士学位获得者为 18029 人，占总认证人数的 71.11%。接受高层次海外教育正成为今后中国学生出国留学的主流方向。2004 年，通过上海外服公司办理的自费留学生中，60%都是出国读硕士的人群，读世界名校（世界排名前200位）的比例占受理总数的60%。"出国读硕士"热开始在人才荟萃的大学里持续升温，成为大学毕业生向往的又一条成才捷径。

（根据铭万网信息：澳际留学2006年7月11日文章改写）

补充生词

1	认证（認證）	rènzhèng	动	authenticate, notarize, certify, authentication, certification
2	人才荟萃（人才薈萃）	réncáihuìcuì	固	a galaxy of talented [capable] people, a gathering of talents
3	捷径（捷徑）	jiéjìng	名	shortcut

◎ 根据短文（二），完成下列句子。

Complete the following statements according the information from passage 2.

（1）中国学生出国读硕士的人数＿＿＿＿＿＿＿＿＿＿＿＿＿＿＿＿＿＿＿＿＿＿。

（2）1991年到2004年，办理国外学历学位认证的硕士学位获得者有＿＿＿＿＿＿

＿＿＿＿＿＿＿＿＿＿＿＿＿＿＿＿＿＿＿＿＿＿＿＿＿＿＿＿＿＿＿＿＿＿＿＿。

（3）2004年通过上海外服公司办理的自费留学生中，出国读硕士的人占出国人数的

＿＿＿＿＿＿＿＿＿＿＿＿＿＿＿＿＿＿＿＿＿＿＿＿＿＿＿＿＿＿＿＿＿＿＿＿。

（三）

专家认为，中国学生青睐"洋硕士"的最大原因是来自就业压力。据悉，2004年我国高校毕业生达到280万人，2005年高校毕业生将达到340万人，4年之后的毕业生人数可想而知。随着国内就业市场竞争的日益激烈，本科文凭已不再具有很大的优势。

于是，大学生们为增加就业竞争力，将目光锁定"洋硕士"文凭。本科生出国留学应算是众多留学方式中最经济的了。比如英国的硕士学制才一年，25万元基本够了，读的又是世界级名校，文凭含金量足且能够得到世界各国的认可。而俄罗斯、法国、德国一年的花费都在6万以内。与国内千军万马闯考研独木桥的景象不同，国外硕士学位采用申请制，而非残酷的一考定前途，减轻了学生的压力，提供了更多机会。

（根据铭万网信息：澳际留学2006年7月11日文章改写）

补充生词

1	含金量	hánjīnliàng	名	gold content
2	独木桥（獨木橋）	dúmùqiáo	名	single-plank bridge, single-log bridge

第五单元 就 业

1. 选择所有正确答案。

   Choose all correct answers.

   短文（三）认为中国本科生出国留学的主要原因是：

   a. 大学毕业生就业压力太大。

   b. 本科生出国留学花钱很多。

   c. 大学毕业生出国留学是赶时髦。

   d. 大学毕业生出国留学是为了增加就业竞争力。

   e. 国内就业市场竞争的日益激烈。

2. 小组讨论

   Group discussion

   下面是一些人对大学毕业生出国留学的看法，你们同意吗？请把你们同意或不同意的原因写下来，然后在全班报告你们小组的意见。

   The following are some views on college graduates studying abroad. Do you agree with these views? Please write down why you agree or disagree, and make an oral report in class about your group's opinion.

一些人的看法	同意/不同意	原 因
大学毕业生出国留学是为名为利。		
大学毕业生出国留学是因为国外的生活条件比国内的好。		
大学毕业生出国留学是因为国外的研究生院比国内的好。		
大学毕业生出国留学是因为他们在国内考不上研究生。		
大学毕业生出国留学是因为他们在国内找不到好的工作。		
大学毕业生出国留学是因为他们的亲戚朋友都在国外。		
大学毕业生出国留学是因为他们觉得去国外能挣更多的钱。		

一些人的看法	同意/不同意	原因
大学毕业生出国留学是因为他们想学习国外先进的技术。		
大学毕业生出国留学是因为他们想改变自己的生活。		
大学毕业生出国留学是因为国外学校里的师资、资源、教学方式都比中国的好许多。		

3. 假设你是一个报社的记者。你去采访了一些人,了解他们对大学毕业生出国留学的看法。你采访的人中,有人支持或反对上述观点。请你写一篇文章,报道一下他们的看法。

Suppose you are a newspaper reporter. You have interviewed some people about their thoughts on college graduates studying abroad. Among your interviewees, some support or oppose one of the above views. Please write an article to report their views.

第一段:介绍你要讨论的观点。

First paragraph: state the view.

第二段:介绍你访问的人,以及他们的看法。

Second paragraph: introduce the people you have interviewed and their opinions.

最后一段:总结这些人的看法。如果有两种意见,可以把这两种意见写出来。

Last paragraph: summarize the interviewees' opinions. If there are two different views, you can state both.

第五单元　就　业

第五单元　补充练习

一、小组讨论 (Group Discussion)

大学本科毕业后应该考研还是出国？

（一）

我认为考硕士正确的动机应该是：对某专业有兴趣，并且希望学得更深入透彻；考博士正确的动机应该是：对某专业有更强烈的兴趣，并希望做最高深、创新性的研究。

但是，今天大部分学生考研的动机却是：希望增加自己在某热门专业所在领域中申请工作或进一步深造的实力。所以，更多人在报考研究生时会选择最热门的专业，也有很多人借此当做"学校晋级"的机会，也就是从二、三流的本科进入一流的研究生院攻读硕士，然后再依靠这个一流学府的知名度进一步选择出国或进入优秀的企业工作。

（根据《北京工业大学毕业生就业服务网》2006年6月10日李开复的文章改写）

▶ 讨论问题：
（1）这段话的主要意思是什么？
（2）作者认为什么样的人应该考研？
（3）大部分学生考研是为了什么？
（4）你们认为什么样的人应该考研？

（二）

出国比考研更能帮助你学习最新技术、开拓生活视野，因为国外较好的学校里的师资、资源、教学方式都领先中国许多。我赞成每一个有能力出国的人都应该尝试一下出国读书，无论是读博士、硕士、还是重读一个本科——当然，重读本科一般代价太大，所以这种情况并不适合大部分人。出国读一个硕士或博士所需要的时间与在国内读硕士、博士所花费的时间是一样长的，但是在国外读博士通常会得到奖学金，所以应考虑出国。当然，大家要选择一个不太差的学校。最后要提醒大家的是，美国的签证不容易拿，所以你可以多申请几所不同国家的高校，比如考虑一下加拿大、英国、澳洲等地。

（根据《北京工业大学毕业生就业服务网》2006年6月10日李开复的文章改写）

▶ 讨论问题：

(1) 为什么作者建议大学生出国留学？

(2) 作者建议去哪些国家留学？为什么？

(3) 你们认为大学生要不要出国留学？应该去哪些国家留学？为什么？

(三)

如果你觉得你不考研也能找到好工作，同时你也不想去读一个你完全没兴趣的专业，那你可以选择一个各方面因素都适合你的公司。你需要考虑的因素包括：公司是否有很好的培训员工的计划，是否有爱护下属的老板，是否有挑战你工作和学习的机会。如果那个公司这几个方面的因素都与你的期望吻合，我相信：当你的同学拿到硕士学位时，也许你比他们进步更多。

(根据《北京工业大学毕业生就业服务网》
2006年6月10日李开复的文章改写)

▶ 讨论问题：

(1) 作者认为在什么样的情况下大学生可以不去考研，而去工作？

(2) 作者认为找什么样的工作比较理想？

(3) 你们认为找什么样的工作比较理想？

二、听力练习 (Listening Comprehension)

私营老总说：坚决不招应届毕业生

很多大学毕业生找不到工作，觉得社会骗了他，书本骗了他，每天怨天怨地的。但在我看来，这样的大学生被社会抛弃是有原因的，而且我的公司坚决不用应届毕业生，为什么呢？请听下面的录音。

(请听录音 5-10)

根据录音5-10回答问题。
Choose all correct answers based on Audio Clip 5-10.
这家公司的老总为什么不喜欢聘用应届毕业生？

a. 应届毕业生要的薪水太高。

b. 应届毕业生太年轻，不懂事。

c. 应届毕业生简单的事做得很好，复杂的事不会做。

d. 应届毕业生的电脑技术很好，因为他们上网打游戏打得很好。

e. 应届毕业生的电脑技术并不太好，他们连表格都不会打。

f. 应届毕业生干了一点活儿，就找借口溜回家。

g. 应届毕业生买东西不问价钱，浪费公司的钱。

h. 应届毕业生不懂社会上一些事情，也不向别人打听。

(请听录音 5-11)

根据录音5-11，判断下列句子是否正确。

Based on Audio Clip 5-11, decide if the following statements are true or false.

(1) 大学生心理不稳定，什么都不懂。

(2) 大学生总是积极地在找工作。

(3) 大学生跳槽了，公司里的人都祝贺他。

(4) 公司的老板对大学生很不客气。

(5) 有的大学生换工作离开了公司，但没有告诉公司。

(6) 公司的老板对大学生不打招呼就离开公司已经习惯了。

三、念一念，说一说，写一写 (Reading, Speaking, and Writing)

（一）

最近几年，中国大学的毕业生找工作比以前难了不少。其中一个重要原因是这几年中国的高等学校极力扩大招生，大学毕业生人数成倍增加。大学毕业生人数的迅速增加，给就业带来越来越大的压力。

具体来看，还有几个因素影响大学毕业生顺利找到合适的工作。一个是社会需求。这几年，最热的专业是网络、外语、建筑、自动化、医药和师范类专业，而对学哲学、历史、考古、社会学、经济学、农学、林学等专业毕业生的需求量要小得多。

还有一点，就是有的求职者的想法片面，妨碍他们找到合适的工作。比如：以为找工作一定要和自己学习的专业对口，不对口的工作机会不考虑；把目光集中在大城市，认为"宁要市区一张床，不要市郊一间房"；过于迷信热门产业，如网络、通讯、汽车、房地产等产业，不看是否长远；迷恋大企业和外资企业；过于强调高薪，忽视企业发展前景和其他因素。

(根据《中国教育在线校园通讯社》2005年4月7日的文章改写)

▶ 下面哪些情况跟中国大学毕业生找工作难有关？
Which of the following is related to the difficulty for Chinese college graduates to find employment?

a. 这几年中国的大学毕业生人数增加了很多。

b. 现在中国的大学太容易进了，教学质量不太好。

c. 大学生学的很多专业知识社会不需要。

d. 现在中国经济发展比较慢。

e. 中国不需要这么多大学毕业生。

f. 很多大学毕业生学的专业以前是"热门"，现在是"冷门"。

g. 很多大学毕业生要找和自己专业对口的工作。

h. 很多大学毕业生只愿意在大城市找工作。

i. 很多大学毕业生只愿意去大公司、外企工作。

j. 很多大学毕业生过分追求高薪。

（二）

由于应聘的大学毕业生多，一些招聘单位也趁机抬高用人门槛。有的单位将学历要求从"专科"改为"本科"，有的招聘官声称"没有工作经验的不要"、"不是名校毕业生不要"、"不是本地大学毕业生不要"。有的要求必须是男性、年龄30岁以下。有的甚至提出，女应聘人身高必须1.6米以上。

要提高大学毕业生就业水平，有几个方面必须马上改进。首先，要调整高校专业设置，适应社会的需求。据调查显示，"就业难"不是简单的"人多岗少"，而是就业结构性的问题。目前，高校专业设置与快速变化的市场需求不适应。

还有，所学的知识和技能要转化为实际工作能力。现在，应付考试成了很多学生的主要任务，考试结束后，知识都忘得差不多了。这种情况必须改正，使学生学到有用的知识，并且真正能在实际工作中运用。

（根据《人民日报——华南新闻》网络版2005年3月18日的文章改写）

▷ 根据短文（二）的内容回答问题。

Answer the following questions according to the passage.

（1）随着应聘的大学毕业生越来越多，招聘单位采取了哪些对策？

_____

（2）如何提高大学毕业生的就业水平？

_____

（三）

毕业后，你将如何选择？

大学毕业后何去何从已成为高年级同学的焦点话题，同学们都希望自己能获得成功，面对即将踏入的社会，是选择更高的起点还是就业？是考公务员还是出国留学？

考研

一进入大三，听得最多的就是"你考研吗"。图书馆的自习室里从早到晚都有埋头苦学的身影，他们大多数是准备考研的同学，甚至有些大二的同学也早早地在准备了。生化院李同学的想法颇具代表性：考研是获得好生活的代价，第一是因为现在的就业形势不太乐观，就业的压力非常大；第二是希望能换一个新的环境，继续深造，为将来增加"就业砝码"，而考研是最直接的选择。

考公务员

收入稳定、社会地位高的公务员也日渐成为毕业生就业的热门选择。前段时间，全国约25万考生走进各地考场，参加2005年度中央、国家机关公务员招录考试的笔试，参考人数与计划录用人数比例平均约为30：1，再创历史新高。今年北京地区共4.9万人报考，比去年同期多约1.9万人。

与考研相比，考公务员则相对理性，由于政府正在按照市场要求调整职能设置，对公务员的专业化要求日益提高。

工作

无论是考研还是考公务员，同学们最终面对的还是工作，找份适合自己的工作，是每个人的心愿。

对于毕业后的工作方向，网上的一项调查显示，上海、北京仍位居大学生就业城市选择的前两名，此外，大学生求职的工资底线也有所上升。较热门的专业还是IT及通信业，然后是金融保险业、日用品行业、新闻出版业、制造业等；在大学生就业的城市选择上，大学生的目光依然集中在上海、北京、东部沿海地区、广州、深圳。很多大四的同学表示：相信这几个地方的个人发展前景、施展才干的机会、薪酬与福利及培训机会等较大。

出国

中国与世界的交流日益增长，使许多学子的目光投向了更远的地方。中国留学生已遍布世界各地。去年我校的优秀毕业生论坛请来了一位即将去法国留学的同学，引起许多人的美慕。大三的一位外语专业的女生表示，她打算去美国或加拿大读研究生，她说，出国是为了闯荡一番，掌握更多国外的先进科学知识。现在国内本科毕业生太多，自己能力不足，打算出国充电，提高自己的竞争能力，再回国就业。另一位文学院的女生也表示要出国读研，她认为大学毕业之后就去找工作并不容易，而国外的教学理念比较先进，出国去学习先进的知识，学成之后回国就业就更有把握一些。

（根据《中国教育在线》2005年4月7日张佳的文章改写）

1. 辩论

    Debate

    把全班同学分成两组，各选一种观点进行辩论。

    Divide the class into two groups, and let each group choose one opinion to hold a class debate.

    观点一：赞成大学毕业后考研或考公务员。

    观点二：赞成大学毕业后找工作或出国留学。

2. 作文

    Composition

    如果你是应届大学毕业生，你会做什么样的选择？写一篇200字左右的短文。

    If you were going to graduate from college soon, what would you plan to do with your future? Please write a composition of approximately 200 words.

录音文本
Transcript of Audio Clips

第一单元 网络时代

1.1 中国网民数突破1亿

(录音文本1-1)

一份研究报告表明，法国人在使用互联网的时间方面，超过英国以及西班牙等国，位居欧洲首位。法国网民平均每周上网时间达到了13小时，而英国和西班牙仅仅为11小时，整个欧洲平均为10.25小时。意大利在此次排名中最低，该国网民平均每周上网时间仅仅为8小时。

这次调查是通过电话方式进行的，总共采访了7000人。调查结果表明，目前欧洲公民平均上网时间，同比增加了56%，而公民收看电视和收听广播的时间仅仅增长了6%和14%。同时期，欧洲人阅读报纸的平均时间下滑了6%。另外，有24%的被调查者每周上网时间超过16小时，69%的人每周上网5天以上。

(根据《天极网》2005年11月30日的文章改写)

1.2 中国的"博客革命"

(录音文本1-2)

中国互联网络信息中心（CNNIC）《2006年中国博客调查报告》显示：截至2006年8月底，中国博客作者已达到1750万，其中活跃博客作者（平均每个月更新一次以上）接近770万，注册的博客空间数接近3400万，而博客读者则达到7500万以上，其中活跃博客读者高达5470万人。

从活跃博客的注册年份来看，2002年以来，博客规模每年都以2—3倍的速度快速增长，目前的规模比2002年增长了30多倍。以此速度，今年年底中国博客的数量有望突破1000万。

(根据中国互联网络信息中心网站2006年9月23日的报告改写)

1.3 网络时代：BT改变了生活

(录音文本1-3)

一份分析报告表明，目前互联网点对点传播方面真正的热门是视频文件，而不是人们想象中的音乐文件。这份报告发现，目前点对点传播中60%的文件是视频文件，与此同时，音乐文件仅仅占10%左右。目前互联网上最为流行的视频传播工具名为eDonkey，也就是"电驴"。同时，BitTorrent在远东地区的影响力也十分大。研究表明，BT形式的点对点传播比较受专业用户欢迎。

(根据《天极网》2005年8月12日的文章改写)

225

第一单元　补充练习

（录音文本 1-4）

在消费者方面，从免费到收费的转换过程也存在一些抵触。针对记者提出的两个问题："你认为下载音乐应该付费吗？"和"如果有付费网站，你愿意付费下载吗？"，部分网友对前一个问题回答了"应该付费"，而大多数网友都对后一个问题回答"不愿付费"。有的说总会有免费的地方，有的说这样还不如买CD。种种反应表明，要让消费者树立付钱听网上音乐的习惯恐怕还需要一点时间。

（根据《南方都市报》2005年9月26日的文章改写）

（录音文本 1-5）

什么是P2P呢？P2P是peer-to-peer的缩写，P2P可以理解为点对点。就是一个人可以直接连接到其他用户的计算机，直接跟其他用户交换文件，而不是像过去那样需要连接到服务器去浏览与下载。点对点技术直接把电脑用户联系起来，让网友通过互联网直接交流。点对点技术使得网络上的沟通变得更直接，文件共享和传送变得更方便。

（根据《电子商务》2006年第8期马晓的文章改写）

（录音文本 1-6）

这几天，某高校大三学生晓雯正在四处联系自己的朋友，询问他们有没有兴趣把闲置不用的物品放到她在网上经营的"小店"出售。这个创意得到了好友们的响应，包括晓雯舍友在内的不少同学朋友都把自己的闲置物品交给晓雯。晓雯介绍说，小店主要出售一些穿不着的半新衣服和一些暂时用不着的或者被放弃不用的，但并不存在质量问题的闲置品。在晓雯的"小店"里，这些物品被拍成图片并配以详细的说明放在网上供顾客浏览选择。

（根据《电子商务指南》网站的文章改写）

第二单元　经济全球化

2.1　海尔公司在海外

（录音文本 2-1）

1993年7月，摩托罗拉在北京建立了摩托罗拉大学，主要培训摩托罗拉的员工。新员工要进入摩托罗拉，首先要到这所大学参加"新员工培训"，了解公司的情况，比如公司结构、企业文化等等。摩托罗拉公司每年用相当于员工工资总额的3%来培训员工，每个员工每年必须接受不少于40小时的培训。目前，摩托罗拉大学有170种和中国有关的课程，用来培训在中国的1万4千名员工。摩托罗拉大学每年为员工提供2万7千个培训项目。

2.2 洋快餐入乡随俗

(录音文本 2-2)

　　1987年11月12日肯德基在中国的第一家餐厅在北京正式开业。以此为起点，肯德基开始进入中国社会和市场，逐步打造具有中国特色的管理模式。1992年全国餐厅总数为10家；到1995年，发展到71家。1996年6月25日，肯德基中国第100家店在北京成立。这标志着肯德基在中国进入了一个稳步发展的阶段。

(录音文本 2-3)

　　大家知道，早先肯德基和麦当劳的产品定位不一样。麦当劳以汉堡为主，比较适合欧美人的口味。而肯德基以鸡肉产品为主，与麦当劳相比，更适合亚洲人特别是中国人的口味，因此更受中国消费者的欢迎。近年来虽然麦当劳在中国也推出了和肯德基相似的产品，比如"麦辣鸡"、"鸡腿汉堡"，但是麦当劳无法超过肯德基的口味，而且也没有肯德基"炸鸡专家"的形象，所以在中国快餐市场上，在美国排名第七的肯德基排在第一位，而在美国排名第一的麦当劳屈居第二位。

(录音文本 2-4)

　　必胜客(PIZZA HUT)是一家美国快餐连锁店，专门卖比萨饼。必胜客是1958年开张的。刚开始，只有卡尼兄弟俩经营这家比萨店。他们是从母亲那里借来了600美元才开了第一家比萨餐厅。第一家餐厅很小，只有25个座位。但是由于卡尼兄弟每天做新鲜的比萨饼，而且热情招待客人，不久他们的小比萨店就出了名。到了1959年，他们开了第二家必胜客。现在，必胜客在全世界的90多个国家有12000多家分店。

2.3 全球化带来的两极分化

(录音文本 2-5)

　　1820年，世界上最富有国家和最贫穷国家人均收入比是3∶1，1913年为11∶1，1950年为35∶1，1977年为44∶1，1992年为72∶1，1997年大约为74∶1，2000年升至75∶1。

(录音文本 2-6)

　　富国和穷国之间的差距可以通过收入来表明。据统计，高收入国家中的10亿人所赚的钱几乎占世界所得总额的60%，中等收入国家中的15亿人所赚的钱占20%以上，剩下的不到20%才属于低收入国家的35亿人。

(录音文本 2-7)

　　在大部分贫困国家，平均每1万人只有1位医生。饥饿、早婚、早育、超生或人口爆炸、营养不良、炎症和性病等各种传染病，使发展中国家人口的健康状况日益恶化。世界只有10%的医疗卫生预算（约

550亿美元）用于发展中国家，其余的都用在发达国家。大部分发展中国家人均医疗费只有10美元，像乌干达这样的国家，患艾滋病的人很多，每年人均医疗费只有3美元，而需偿还的外债利息则达人均15美元。

第二单元　补充练习

（录音文本2-8）

　　杜邦公司1984年在北京设立办事处，1988年在深圳成立杜邦中国集团有限公司，现已在广州、上海、北京等地设有五家办事处，在华共有十八家独资/合资企业，总投资逾六亿美元，在华企业员工逾三千名。

（录音文本2-9）

　　吉林省的王冰今年高考时，没有选择一般性大学，而是选择了上海一所大学和国外大学合作的办学项目。它的广告上说，该项目是全英语教学环境，毕业可以拿到国外大学的文凭。现在开学半个月了，王冰说，同其他大学相比，这所学校也没什么不好，自己各方面都在慢慢适应。但因为学校用英语讲课，所以刚开始上课感觉很吃力。

　　王冰是选择在中国读大学，拿国外文凭的学生之一。现在，越来越多的学生在高考时选择这种中外合作的办学项目——在中国读外国文凭，这种形式被称为"本土化留学"。

第三单元　环境保护

3.1　保护环境　以步代车

（录音文本3-1）

　　各位同学：

　　为了节约能源，让我们从身边开始，从自己做起。以下是节约用电随手可做的十件小事：出门时随手关灯；阳光充足时不要开灯；用热水器洗澡时动作要快，不要边洗边玩；减少开关冰箱的次数，拿出食品后马上关闭冰箱门；尽量使用太阳能产品、节能灯泡等节能家电；不要毫无节制地听音乐、玩电脑游戏、看电视等；夏天空调温度不要开得太低；减少发短信的次数，尽量少用电话聊天或问作业；每天18：00至22：00是用电高峰时段，尽量不要在那个时候用家电；家里装修的时候，建议爸爸妈妈安装双层玻璃窗，减少冷热能量的损耗。

（根据《中国中学生报》第1076期的文章改写）

3.2　电子垃圾危害巨大

(录音文本 3-2)

　　2005年4月1日，中国开始实施新的《固体废物污染环境防治法》。防治法规定，废手机、废彩电、废电脑等废旧家电属于危险废物，市民不能随意变卖或者丢弃，必须交给专门的危险废物回收单位处理。尽管目前大部分中国消费者仍然把旧家电卖给家电回收小贩，但是随着人们对环境保护越来越重视，中国人的环境保护意识也在改变。

（根据《北京青年报》2005年7月20日文章改写）

3.3　不吃野味不放炮　过个"绿色"春节

(录音文本 3-3)

　　在中国的一些大城市，垃圾处理的需求量越来越大。一些企业已经开始把垃圾处理作为新型产业。比如，目前占有上海80%垃圾处置项目的上海环境集团，在2005年连续吃下四川、深圳、江苏、山西、浙江等地的5大项目，其中位于四川的项目，将建成西南最大的生活垃圾焚烧发电厂，上海环保集团为此投资5.2亿元。该公司还表示，目前正在跟全国各地同时洽谈50多个垃圾处理项目。该集团期望通过5—10年的发展，成为中国垃圾产业的"龙头"。

（根据《环球财经》杂志2006年8月18日的文章改写）

第三单元　补充练习

(录音文本 3-4)

　　世界卫生组织公布的一项研究报告指出，全球每年有1300万人死于与环境相关的疾病。报告估计，5岁以下的儿童所患疾病中，有超过33%是由于环境问题造成的。如果能解决环境问题带来的危险，每年可以挽救400万人的生命，其中大部分来自发展中国家。世界卫生组织建议，所有的国家，特别是发展中国家和不发达国家，需要更多使用清洁能源，并且注意饮用水的安全。

（根据《人民网》2006年6月20日的文章改写）

(录音文本 3-5)

　　有关资料显示，全世界垃圾年均增长速度为8.42%，而中国垃圾增长率达到10%以上。全世界每年产生4.9亿吨垃圾，仅中国每年就产生近1.5亿吨城市垃圾。目前中国城市生活垃圾累积堆存量已达70亿吨。在如此巨大的垃圾压力下，有理由相信，垃圾处理产业会成为中国未来的重要产业。

（根据《环球财经》杂志2006年8月18日文章改写）

(录音文本3-6)

  德国能源匮乏，石油几乎100%依赖进口，天然气80%依赖进口。节约能源是德国政府能源开发利用的一贯政策。在日常生活中，德国政府鼓励大家节约用电。比如，在不用电视、音响、电脑和其他电器时，应该把电源关掉，而不是让它们处于待机状态，这样做既省电又省钱。德国联邦环境局估计，家庭用电至少有11%在电器待机状态下白白浪费掉。要停止电流进入，必须关上电器并拔掉电源线。

（根据《人民网》2005年7月20日的文章改写）

第四单元　教育

4.1　家长忙学校急孩子累　教育切忌拔苗助长

(录音文本4-1)

  网友一：孩子在5岁以前，我认为没必要逼着孩子学习或写字，因为他们的小手还没有发育健全，孩子如果不乐意，不仅对身体不利，还会导致对学习失去兴趣，反而得不偿失。在入学前的这一阶段，应着重培养孩子的情商，教育孩子懂礼貌、守规矩，养成好习惯等，让他们在轻松快乐的环境中边玩边学些孩子比较感兴趣的东西，如儿歌、游戏、看图识字等，为入小学做好准备就行了。

（根据《洛阳日报》网络中心2006年6月8日文章改写）

(录音文本4-2)

  一开学，学生们忙活起来了，家长们也烦恼起来了，许多家长认为想让孩子不输在起跑线上，就得物色个适合的家庭教师。许多家长喜欢请"高分"大学生，或者是"名牌"大学生，认为这样的家教能感染孩子、影响孩子。其实，家长一定要注意，虽然这些大学生和孩子的年龄相近，比较容易和孩子沟通，但是这些大学生没有经过正规的培训，能帮助孩子的也许只是解题、顺利完成作业。因为他们对孩子在学校中所学的知识不了解，在给孩子讲解时，停留在就题讲题的初步阶段，学生的收益也只是完成了当天的作业。长此以往，孩子的成绩非但没有提高，相反却养成了孩子依赖这些大学生的心理。

（根据《中小学教育网》2006年10月17日的文章改写）

(录音文本4-3)

  看到大学生的就业形势，没有家长看着独苗不着急的，都是一副恨铁不成钢的样子。但是，孩子有孩子自己的世界，如果从三四岁就让孩子觉得沉重，对孩子的人生会有什么影响呢？只要给孩子提供一个可以安静学习和适当运动的环境，关爱孩子，多和孩子沟通，树立孩子的自信心，做一个朋友式的家长就好了。

（根据《洛阳日报》网络中心2006年6月8日文章改写）

4.2 外来学生超四分之一 北京教育难承"外源"

(录音文本 4-4)

贺先生前年从新疆来到银川务工,今年将女儿接到银川读书。开学已一周多,小女儿到哪里上学的事情让贺先生很是犯愁。

他告诉记者,自己住在银川市一家公办小学附近,一开学,就立刻找到了这所学校教务处,为女儿报名。然而,学校给予贺先生的答复是:对前来报名的外来打工人员子女,学校将进行考试,优秀的学生可以留下来读书,而贺先生的女儿数学成绩差,因此不予录取。

(根据《新华网》2006年9月26日文章改写)

(录音文本 4-5)

一位正在南昌市某所公办学校就读的农民工子女家长告诉记者,孩子在这所公办学校读书,交了赞助费两年,共2800元。

南宁市一位熟悉内情的学校教师透露:"一些学校明说不再招生,可一些实力雄厚的家长还是会采取交纳'借读费'或给学校领导'人情费'的方式,设法让孩子入学。"

(根据《新华网》2006年9月26日文章改写)

(录音文本 4-6)

教育资源不足导致大多数的公办学校难以敞开接受全部前来报名的农民工子女。银川市兴庆区满春小学副校长何翠玲说,学校现在一个班最多的有60多名学生,有的教室课桌甚至摆到了后墙根。可还是有许多附近的农民工陆续过来给孩子报名,实在没有办法接收。

(根据《新华网》2006年9月26日文章改写)

4.3 "实用"成了大学生的生活关键词

(录音文本 4-7)

据南方日报报道,"大四不是一个适合读书的年级,我们的大学教育实际上只有三年!"一位大学四年级学生日前在接受本报记者采访的时候这样说。他描述的大四生的状态是:1/2的时间是在找工作,其他时间是在兼职或奔波中,上课的时间少得可怜。大四,大家都把心思放到别处,实习的实习,兼职的兼职,找工作的找工作。而找工作更是重中之重,有学生称,找工作永远是大四的主题。每天流连在各就业指导网、人才招聘网之间,四处投寄发送简历,或奔波于各专场招聘会,晚上12时之前不能睡安稳。这就是大四学生的生活写照。这样的日子,哪还有时间和心情上课?

(根据《新华网》2005年4月15日的文章改写)

(录音文本 4-8)

虽然教育部明文规定,各单位要等到11月20日以后才能进校园招聘。但据了解,很多学校在11月之前就有招聘会了。结果,很多学生早早就参加各种招聘会、面试、笔试,或在外进行实习或被用人单位试用,以求多积累经验。针对这样的情况,有专家提出高校大学生的招聘会应推迟到每年的春季五月左右举行,以保证高校毕业生的教学质量和教学秩序。

(根据《新华网》2005年4月15日的文章改写)

第四单元 补充练习

(录音文本4-9)

"千军万马过独木桥",人们曾经这样来描述激烈的高考竞争。但是高考的压力逐渐向初中、小学甚至学前教育蔓延。我们发现,中考已渐渐成为孩子教育中又一座残酷的"独木桥"。

6月27日,中考结束一个星期了,兰州市第七中学学生叶苗苗仍然很担心。她说,"要是能考上高中还好,如果考不上,今年暑假就不知道该怎么过了。"虽然叶苗苗报考的只是一所普通高中,尽管如此,对于考试结果她仍然没有多少把握。一些教育界人士说,进入高中,尤其是重点高中比进入大学的竞争更为激烈。

(根据《新华网甘肃频道》2005年7月1日的文章改写)

(录音文本4-10)

兰州市三十三中今年中考录取600人,但报考人数已经达到1500多人。兰州七中每年中考录取150人,去年的报考人数是390人,今年增加到540人。据有关人士介绍,兰州市几乎所有的高中报考人数都远远超过了招生人数,一些重点高中的报考人数是招生人数的好几倍。

据统计,1998年到2002年,高中升入大学的比率从46.1%上升到83.5%,一共上升了37.4个百分点,而初中升高中的升学率却仅仅增长了7.6个百分点。2001年全国初中毕业生的升学率仅为52.9%,有将近一半的初中毕业生不能接受高中教育。

严酷的现实让家长感叹:"现在上高中难,上重点高中更难。"一些教育界人士也同意,进入普通高中,尤其重点高中的竞争比考大学更为激烈。

(根据《新华网甘肃频道》2005年7月1日的文章改写)

第五单元 就业

5.1 就业形势严峻,毕业生求职忙

(录音文本5-1)

第一次

"公司不能太小,工资不能太少。"按照陆唯的择业标准,浦东一家国际经贸发展有限公司成为她面

试过的单位中最理想的一家。

凭借在校的优秀表现，陆唯获得了一次机会：先笔试然后接受英语面试，但她最终没能进入这家公司。对落选原因陆唯百思不得其解。该公司当初面试陆唯的负责人道出答案："我们要找的是最合适的人选，而不是最优秀的学生。公司首先要考虑岗位的要求，作为经营大型机电成套设备进出口的贸易公司，我们提供的岗位既要求应聘者语言好，又要求有工科背景，两者兼备才会录用。"

（根据国际在线《解放日报》2004年3月4日的文章改写）

（录音文本5-2）

第二次

今年春节前，陆唯又去了一家外资纺织类贸易公司参加面试。该公司规模较小，正处于起步阶段。陆唯的这次面试很成功，招聘人员对她的英语水平和业务知识非常满意，决定第二天就让她去上班，公司开出的条件是工资1800元加业务提成。陆唯思考了一夜，决定放弃，原因只有一个：公司太小。"其实公司小有小的好处，小公司员工能接触到很多的业务，职业成长性好，而大公司分工细，员工永远只能接触到很小的一块，职业转型也难。可惜很多学生看不到这一点。"该公司招聘人员告诉记者。

（根据国际在线《解放日报》2004年3月4日的文章改写）

（录音文本5-3）

第三次

陆唯最近面试的一家单位是家知名保险公司。陆唯通过了两轮面试，被录用的希望很大，但陆唯的父母听说后怎么也不同意她去保险公司，他们认为做保险没前途。陆唯受父母的影响，最终放弃了这家单位。

从事保险真的是前途渺茫？据我国行业发展预测，保险业在我国还有很大潜力可挖，随着金融保险业的逐步开放，做保险将大有可为。行业偏见让陆唯又一次和就业机会失之交臂。

（根据国际在线《解放日报》2004年3月4日的文章改写）

5.2 跳槽是钥匙，但不是万能钥匙

（录音文本5-4）

理由一：

其实，王林也不愿意和老板讨价还价。王林很清楚直接和老板要求加薪的后果：老板点头，自然是他的幸运；若不成，恐怕他只有离开。

可是三年都没有加薪了，两年都没有升职了。公司利润年年见涨，工资单却纹丝未动。大会小会都是拿美好前景来鼓舞大家——创造我们共同的事业吧，公司不会亏待大家的。他们哪里知道王林的现实

问题：婚怎么结？房子怎么买？

　　幸亏眼下王林遇到个机会，一个朋友出国发展，推荐他继任他的位置，职位高半级，薪水可望增加30%。但听说那家公司工作氛围不太理想，明枪暗箭不断，人员流动率也很高。思来想去，王林还是决定走人。毕竟，他需要钱，需要发展空间。反正人年轻，就算风险高一点也在所不惜了。

（根据 lady.icxo.com 2005 年 7 月 28 日的文章改写）

（录音文本 5-5）

理由二：

　　部门副经理小许始终搞不明白，为何她与小吴同为年轻女子，同为副经理，经理却明里暗里都袒护着小吴。小吴手上的重活，偏偏要转给小许，轮到小许出头露面的时候，就硬要把她支开，让小吴得这个便宜。

　　小许很委屈，以为自己不小心得罪了领导，多次找机会去化解。经理的回答是："管理层觉得你应该做什么，你就做什么。"后来，经过无意中得知：原来经理与小吴关系非同一般。在小许初进公司时，经理就已经和小吴共处多时。真相得知后，小许等机会来了，就远走高飞了。

（根据 lady.icxo.com 2005 年 7 月 28 日的文章改写）

（录音文本 5-6）

理由三：

　　在一家咨询公司任项目组长的小青十分坚决要跳槽。尽管她月薪近 2 万，公司发展空间很大，升任部门经理指日可待。可是她实在无法忍受每天加班到凌晨两点的日子，无法忍受才 28 岁已是两只熊猫眼，更无法忍受没有时间恋爱的惨况。在亲眼目睹一位同事因胃出血晕倒在办公桌上之后，小青毅然跳槽。新工作的薪水只是原来的 1/3，但她毫不后悔。

（根据 lady.icxo.com 2005 年 7 月 28 日的文章改写）

5.3　养活自己永远是第一位的

（录音文本 5-7）

　　旭彤是广州一名牌高校档案系的学生，今年大三，虽然距毕业还有一段时间，却也早早感到了就业危机。上几届的师姐就业情况不佳，她也自知所学的专业就业门路不够宽泛，于是她想到了考研。有了这个想法之后，父母亲戚的意见有分歧，有人认为考研好，未来的社会只有知识多的人才吃得开；也有人不客气地说：研究生毕业旭彤已经 25 岁了，就业压力更大。舅舅还开玩笑说："女孩子嘛，读那么多书有什么用？嫁人都难。再说将来还不是一样要做家务，带孩子吗？"正是这句玩笑话，深深刺激了旭彤，一下子就坚定了她考研的决心。

（根据《人民网》2003 年 6 月 12 日文章改写）

(录音文本5-8)

晓棠是广州市某高校96级本科生,她进校时就引人注目。因面容姣好、性格开朗大方,进校后,她就成为校模特队主力队员,自然追求者众。她的男朋友是商学院的,也是学校风云人物,两人从大二恋爱,感情一直很好。

大四上学期,晓棠获得了难得的保研资格,男友则决定毕业就工作。一次偶然机会,晓棠认识了比自己大19岁的外企经理黄先生。黄先生事业有成,对晓棠殷勤备至。面对这个局面,虽说男友也很优秀,但以后他会发展成怎样,两人的感情又会如何变化,很难说得准。经过一番考虑,晓棠决定放弃未知的等待,跟男友分手,选择黄先生。

晓棠毕业前夕,就放弃保研资格,答应黄先生的求婚,从此过上她一直希望的优越、上层生活,家住独立别墅,出入以车代步,常常出席高级社交场合。

(根据《人民网》2003年6月12日文章改写)

(录音文本5-9)

"唉,现在工作难,考研也难,我们可怎么办啊?""呵呵,那嫁人好了。学得好不如嫁得好啊……"这是大学女生之间经常出现的一句玩笑话。虽是玩笑,却也不乏"献身"实践者。

谈及相亲,当今很多女大学生都有这样的经历。广州某大学中文系毕业生小蓉说,她在大三时,她们班就有两个女孩通过相亲定下了前途,既找到了有钱的准老公,又有望在毕业后找到一份不错的工作。这个学期她们班又有好几个"缴械投降",大家都认为婚姻是桩很现实的事情,毕业前能找到个好依靠很幸运,工作会更有保障。

(根据《人民网》2003年6月12日文章改写)

第五单元　补充练习

(录音文本5-10)

我公司招聘过许多大学生,这其中的经历和公司所受的苦只有自己才知道。实话实说,你们这帮才毕业的小孩懂什么?一踏进社会开价就要三千五千的。请你想想你会做什么,制作个表格都不成,上网打游戏倒是高手。

有一次,我让一个大学生去买箱复印纸,结果给我搬回来的是25块钱一包的,好像还很有功劳似的,说,今天搬得辛苦,累得要命,想早点回家去了。没等我同意,他下午找个理由就溜了。

我是一肚子气,买个复印纸用得着你去搬吗?人家会送上门来的,而且只要16块一包,还跟我邀功,溜了,而我还要付你一天100元的工资。我想买纸这种事绝对不用我教吧,他自己完全可以向公司里其他人打听价格是多少,哪里有卖,然后打开报纸和黄页,打个电话问问同样质量有没有更便宜的,最后叫别人送来不就得了吗?

(根据《国际在线》2004年2月11日的文章改写)

(录音文本 5-11)

　　大学生心理不稳定，什么都不懂，但是对于找工作倒是很热情的，当然我从不反对他们寻找更好的工作，只是比如有几次，一个大学生刚来两个星期，上了几天班，人就不见了。后来才知道，原来他们是找到别的工作走了。你要走就走吧，我还不是客客气气地请你吃一顿饭，然后祝贺你一下，该给的工资给你。但不通告一声就走人，搞得我四处联络他家人和朋友，因为我招人时都是打过他家电话的，告诉他家人，这孩子在我公司工作，人不见了我怎么交代？不过后来我明白了，不见就不见吧，十成是到别的公司去了，我也习惯了。

(根据《国际在线》2004 年 2 月 11 日的文章改写)

练习参考答案
Key to Language Exercises

第一单元　网络时代

1.1　中国网民数突破 1 亿

一、1. 网民　　　上网　　　域名　　　网站
　　　IP 地址　　互联网　　宽带　　　计算机

2.

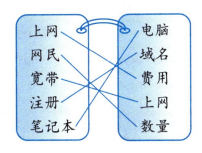

4. (1) 五十万　　　　　　　　(2) 三万五千
　 (3) 两百四十万　　　　　　(4) 一百二十亿
　 (5) 二亿四千五百万　　　　(6) 二百三十亿
　 (7) 百分之三十五　　　　　(8) 百分之十五点七
　 (9) 百分之六十六点零二　　(10) 百分之九十九点九
　 (11) 百分之十一点三　　　　(12) 五分之一
　 (13) 七分之三　　　　　　　(14) 十二分之五
　 (15) 六分之一　　　　　　　(16) 八分之三

二、1. (1) b　(2) b　(3) a　(4) b　(5) a　(6) a　(7) b　(8) a

2. (1) 到去年底，中国的网民数量是 1.11 亿人。在世界上排第二位。
　 (2) 中国到去年底，有 6430 万人用宽带上网。
　 (3) 中国有 109 万用户用国家域名 CN 注册。
　 (4) 中国城市网民人数是 9368.6 万。城市网民普及率是 16.9%。
　 (5) 中国乡村网民人数是 1931.4 万。乡村网民普及率是 2.6%。
　 (6) 乡村网民的数量占城市网民数量的五分之一。
　 (7) 用笔记本电脑上网的网民比例是 18.2%。
　 (8) 与前一年相比，中国的网民增加了 800 多万人。

（9）网民平均每周上网 15.9 个小时。

（10）2005 年全国上网费用的总和是 1000 多亿元。

3. （1）There are half a million Internet users in this city.

（2）The number of broadband users in the rural areas has exceeded 150,000.

（3）By the end of March, Internet service charges increased 10% comparing to the same period of last year.

（4）The number of Internet users increased by 3 million.

（5）The total number of Internet users in that region is 45 million.

（6）By the end of last year, there were 110 million Internet users in China.

（7）China's population has surpassed 1.3 billion.

（8）Two thirds of the rural population do not know how to use a computer.

（9）One sixth of the company computers are notebook computers.

（10）Currently, 55% of people have a computer.

三、（1）c　　　　（2）b　　　　（3）c

四、（一）

1. （1）×　　（2）√　　（3）×　　（4）√
   （5）√　　（6）×　　（7）√　　（8）√

（二）

全国青少年网瘾的比例	13.2%
全国存在网瘾倾向的青少年比例	13%
男性青少年网瘾比例	17.07%
女性青少年网瘾比例	10.04%
网瘾群体	初中生、无固定职业者、职业高中生
初中生网瘾比例	23.2%
网瘾比例最高的年龄段	13～17 岁
网瘾群体在网上的主要活动	玩网络游戏
中国网瘾比例最高的地区	云南
中国网瘾比例第二高的地区	北京
上海网瘾比例	8%
上海解决网瘾问题的方法	加强青少年教育，增加课外活动的投资

(四)

1. (1) 要开一个网店，需要跟厂家谈业务，拿货，给货物拍照，做图片，编辑商品介绍，把货物介绍上传到网上，接订单，填包裹单，去邮局发货等等。

   (2) 这个女孩通过淘宝网站开网店。

   (3) 这个女孩开网店很辛苦。她每天上网工作，一年只有三天休息时间。而且每天的工作时间很长。

   (4) 女孩负责网店的网上操作，比如上传商品介绍，接订单等等。她的男朋友负责提货、理货、发货等等。

   (5) 做网店对女孩的作息时间有很大影响。因为多数人都是晚上上网，所以女孩常常要工作到半夜一二点才下线，要到早上四五点才睡觉。

1.2 中国的"博客革命"

一、1.(1) 行业　　(2) 延伸　　(3) 影响　　(4) 热闹　　(5) 观点

2. 因特网　　博客　　电脑用户　　浏览网页　　网上日记

二、1. 知识分子　　　　　　城市女性　　　　　　大学生
　　相关技术行业人士　　在中国居住的外国人

2.

美　国	中　国
新闻评论	生活细节
个人的政治观点	技术问题
	个人感想

3. (1) c　　(2) a　　(3) b　　(4) c　　(5) a　　(6) c

三、

By the end of Aug. 2006, the number of web loggers is	1750万
活跃的博客作者	Close to 7.7 million
The number of registered web loggers is	3400万
博客读者	More than 75 million
The number of active Blog readers is	5470万
博客	Has Increased more than 30 times
Estimated number of Blog by the end of 2006 is	超过1000万

四、(一)

1. d

(二)

1. 作者对博客的态度是正面的。

2. 褒义：纯净　充满阳光　平等　畅所欲言　热情

   贬义：物欲横流　铜臭

   中性：免费　罕见　国界区别　地域之分

3. (1) 免费，没有铜臭。

   (2) 充满阳光的网络之家，可以通过网络交朋友，跟其他人沟通。

   (3) 在网上，大家很平等，没有国界区别，地域之分。

(四)

1. (1) 为了关注博客、关注网络新生活，新浪网举行了首届中国博客大赛。

   (2) 大赛不仅为网民提供了展示个性魅力的舞台，而且推动了中国的博客文化进入一个更为主流、更为健康、更为全民参与的新时代。

   (3) 在大赛期内，在网民中掀起了博客的热潮。

   (4) 博客吸引人的地方在于平等互动。

   (5) 博客实现了平等互动，是每个网友的自由王国。

   (6) 我们希望大家能够体验到博客的快乐。

1.3　网络时代：BT改变了生活

一、1.

激活	激活电脑，激活计算机
打开	打开浏览器，打开电脑，打开计算机……
搜寻	搜寻网站，搜寻BT种子，搜寻信息……
下载	下载电影，下载歌曲，下载音乐，下载软件，下载文件……
分享	分享文件，分享信息，分享软件……
传递	传递文件，传递信息，传递数据……
传输	传输文件，传输信息……
存取	存取文件，存取数据……
共享	共享软件，共享文件，共享信息……

2. (1) 几天

　　(2) 很快地增加

　　(3) 怎么看电视，看电影，听音乐……

　　(4) 全世界都可以用

　　(5) 各人可以找到自己喜欢的

　　(6) 什么都有

　　(7) 目前很有名的歌手

　　(8) 很会用因特网的网民

　　(9) 什么时候都可以看

　　(10) 越来越符合个人的兴趣爱好

3. 电影　　唱片　　电视连续剧　　电视节目　　游戏

二、1. (1) b　　(2) a　　(3) a　　(4) b

　　 (5) a　　(6) b　　(7) a　　(8) a

2. (1) ✓　　(2) ✗　　(3) ✓　　(4) ✗　　(5) ✓

　 (6) ✓　　(7) ✗　　(8) ✓　　(9) ✗　　(10) ✓

三、(1) b　　(2) a　　(3) a

四、(一)

1. (1) c　　(2) a　　(3) b　　(4) a

(二)

a　b　d　e　g　h　i　j　k　l

(四)

1. **爱网络的原因**

网络能宣传音乐和歌手。

唱片公司能在网络上卖歌手的图片，MTV，彩铃等，让唱片公司得到更多的利润。

恨网络的原因

网友在网络上免费听音乐，下载音乐。

网友往往消费单曲，而不会为了一首歌去买一整张唱片。

241

第一单元　补充练习

一、录音1-4

这段录音的主要意思是：b

录音1-5

这段录音的主要内容是：a

录音1-6

这段录音主要介绍了：b

二、（一）

（1）有些家长采用强烈禁止的态度。

（2）在青少年时期，孩子有逆反心理，你越不让他们做的事，他们越要做。

（3）作者让父母不要强烈禁止孩子玩网络游戏，但是没有提具体的建议。

（三）

1.

书的种类	读　　者
教科书	学生
教学辅导书（教辅书）	学生
经济管理书	都市白领
励志书	都市白领
漫画书	小孩子
童话书	小孩子
识字读本	小孩子
专业书	图书馆，学校

三、Web.2.0所指的是所谓第二代因特网服务——如能让人们以前所未有的方式在网上合作并共享信息的社会联系网站和沟通工具。

（一）

(1) ✓　　(2) ✓　　(3) ×　　(4) ✓　　(5) ×　　(6) ✓

（二）

1. (3) ── (1) ── (5) ── (2) ── (4) ── (6)

3.（1）2003年安妮在上网聊天的时候，认识了彼得。

（2）彼得提出要跟安妮结婚。

(3) 彼得说自己年轻英俊,在帮父亲做生意,家里非常富有。

(4) 彼得说要给安妮一个幸福的家庭。

(5) 彼得说他要买一块名表,但是钱不够,他向安妮借钱。

(6) 安妮想试探一下彼得是不是骗子。她想如果彼得是骗子,拿到钱就会消失。

(7) 8万多美元。

(8) 安妮为彼得买了很多贵重礼物,其中包括名表、金戒指、玉观音、茶叶、冬虫夏草、高级钱包、打火机等。价值8万多元人民币。

(9) 对。可是安妮觉得跟她聊天的人不是彼得。后来对方也承认自己不是彼得。

(10) 安妮向马来西亚警方报了警。

第二单元　经济全球化

热身活动

1. (1) ✓　　(2) ✓　　(3) ✗　　(4) ✓　　(5) ✓
   (6) ✓　　(7) ✓　　(8) ✓　　(9) ✓　　(10) ✗
   (11) ✓　　(12) ✓　　(13) ✓　　(14) ✓　　(15) ✓
   (16) ✓　　(17) ✓　　(18) ✓　　(19) ✗　　(20) ✗

2.1　海尔公司在海外

一、1. 投资　　经营　　零售商　　消费者　　推销产品

2.

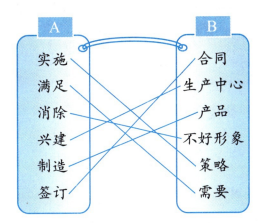

3. (1) 成功的地位
   (2) 自己决定的权利
   (3) 特别重要,特别要紧

(4) 意义很大大

(5) 从其他地方,其他国家来的人

二、1.(1) ✓ (2) ✗ (3) ✓ (4) ✓ (5) ✗
(6) ✓ (7) ✗ (8) ✓ (9) ✗ (10) ✓

三、1. 摩托罗拉公司很重视培训员工。公司成立了摩托罗拉大学,设立了许多不同的课程来培训中国员工。

2. 7   3%   40   170   14,000   27,000

四、(一)

(1) 在中国。

(2) 合资经营。

(3) 7家。

(4) 感光企业生产影像市场需要的产品。

(5) 不,也在世界上其他国家销售。

(6) 柯达公司认为,他们把世界上先进的生产技术和管理经验带入了中国,又把在中国制造的世界第一流产品推向了世界。

(二)

1.(1) 各国各地区在生产上分工合作

(2) 把一个工作分给不同的人、不同的公司去做

(3) 各国的产品可以卖到其他任何国家

(4) 不是一个国家的市场,而是国与国之间的市场

(5) 世界各地都有

(6) 一个银行在几个或许多国家都有分行

(7) 不是固定的,是活动的。不是死的,是活的。

(8) 把资本投入其他国家

(9) 把资本从本国投入海外

(10) 第三世界国家,欠发达国家

(11) 已经发展了的工业国家,如北美、西欧国家

(12) 世界上某个地区的国家在经济方面互相帮助

(13) 对产品资金从一个地区去其他地区没有特别的限制

(14) 工作人员,劳动力

2. (1) ×　　(2) √　　(3) ×　　(4) √　　(5) ×　　(6) √

(三)

1. (1) 自从微软公司在北京设立代表处以来，<u>微软的员工人数增加了，微软还在上海和广州增设了两个分公司。</u>

   (2) 微软在中国发展的第一阶段，工作重点是：<u>发展市场和销售渠道。</u>

   (3) 微软在中国发展的第二阶段，工作重点是：<u>发展在中国的科研、产品开发和技术支持服务。</u>

   (4) 微软在中国发展的第三阶段，工作重点是：<u>加强与中国软件产业的合作，加大对中国软件产业的投资。</u>

2.2　洋快餐入乡随俗

一、

1. (1) 打造　　(2) 慎重　　(3) 是否　　(4) 风险　　(5) 结构　　(6) 营养

2. (1) 不习惯 / 不适合一个地方的情况

   (2) 用当地的方法来做事

   (3) 外国的习惯 / 传统

   (4) 不健康的食品

   (5) 可以提供不同营养的食品

   (6) 中国和西方的特色在一起

   (7) 外国的特点 / 特别的地方

   (8) 到了一个地方，就采用那个地方的风俗习惯

   (9) 仔细地想一想

   (10) 吃不同的食品，来保证吸取人体需要的营养

3. (1) 打造品牌 / 打造特色

   (2) 值得考虑 / 值得赞扬

   (3) 关注健康 / 关注营养 / 关注竞争

   (4) 适合口味 / 适合意识

   (5) 提出策略 / 提出口号

   (6) 失去特色 / 失去传统

   (7) 推出产品 / 推出广告 / 推出品牌

   (8) 引起疾病 / 引起竞争

二、1. (1) b d f g　　　　(2) a b e　　　　(3) a b c f

三、录音2-2的主要意思是：b
　　录音2-3的主要意思是：c
　　录音2-4的主要意思是：a

四、(一)

	麦当劳	肯德基
分店数量	30,000	11,000
全球营业额	406.3亿美元	——
在美国的餐厅数量（2003年）	13,609	5,524
在美国的销售额（2003年）	221亿美元	49.36亿美元
在美国市场的排名（2003年）	第一	第七
在中国的餐厅数量（2004年）	600	1200
在中国的营业额（2003年）	53亿元	93亿元
在中国的年均单店营业额	600万元	800万元
在中国的扩张速度	25%	大于70%

(二)

1.

行　为	形容词
如果父母不叫他做作业，他就不做。	被动
他一看见别人需要帮助，就会去帮助别人。	主动
他认为自己是最聪明的，别人都不怎么样，所以他不愿意和别人沟通。	傲慢
他觉得他的工作太累了，工资太低了，同事太不客气了。	不满
和其他公司相比，这家公司的产品质量是最好的，服务也是最好的。	最佳
他看到李小姐买鸡肉汉堡，他也买鸡肉汉堡。他看到张小姐买水果沙拉，他也买水果沙拉。	盲目

2. (1) ✓ (2) ✓ (3) ✕ (4) ✕ (5) ✓
   (6) ✓ (7) ✕ (8) ✓ (9) ✓ (10) ✕

(三)

1. (1) 肯德基和麦当劳都选择家庭为他们产品的消费者。
   (2) 肯德基的消费人群重点是年轻男女，麦当劳是孩子。

2.3 全球化带来的两极分化

一、

1. (1) 不发达国家   (2) 贫富分化
   (3) 边缘化   (4) 巨大影响
   (5) 高速发展   (6) 贫富鸿沟
   (7) 国内生产总值   (8) 巨富
   (9) 个人资产   (10) 基本医疗服务
   (11) 工业化国家   (12) 向贫困开战
   (13) 刺激经济增长   (14) 扩大机会
   (15) 决策能力   (16) 消除贫困
   (17) 国际行动   (18) 国际社会
   (19) 世界银行   (20) 世界贸易组织

2. (1) a (2) b (3) c (4) c (5) a
   (6) a (7) b (8) b (9) a (10) c

3. 刺激 参与 扩大 影响 降低 打击 克服 采取

4. 分化 贫困 领域 债务 生产力 竞争力

二、1.

A
盖茨1999年的财产
全球前三名富豪的资产
全球前200名富人的资产

B
全球最贫困的26个国家
全球41%人口资产的总和
全球6亿多人口财富的总和
秘鲁1999年国内生产总值

2. (1) 26亿人没有医疗服务。
   (2) 30亿人靠每天不足2美元生存。
   (3) 11亿人没有适当的住宅。
   (4) 贫穷国家的儿童有50%吃不饱饭。
   (5) 12亿人每天的生活费不足1美元。

3. (1) a　d　e　　　　　　　　(2) a
   (3) a　b　c　d　e　g　　　　(4) a　b　d　e

三、根据录音 2-5 填入信息。

1820	3:1
1913	11:1
1950	35:1
1977	44:1
1992	72:1
1997	74:1
2000	75:1

根据录音 2-6 填入信息。

国　家	人　口	占世界收入的比例
高收入国家	10 亿人	60%
中等收入国家	15 亿人	20% 以上
低收入国家	35 亿人	20% 以下

根据录音 2-7 回答问题。
(1) a　　　(2) c

四、(一)

短文（一）的意思是：b

(二)

根据短文（二）填入信息。

全球化浪潮	日　期	发展的特点
第一次全球化浪潮	1870–1914 年	人均收入增长较快
第二次全球化浪潮	1950–1980 年	加强了发达国家之间的经济融合，贫穷国家的发展主要依赖出口原料
第三次全球化浪潮	1980 年－至今	发展中国家出口的制成品比重增加了。发展中国家之间的差距也增加了。

(三)

发展中国家	第一组	第二组
主要国家	中国、墨西哥等	撒哈拉以南地区，中东地区，原苏联国家
国家的数量	24 个	——
人口	30 亿	20 亿
采取的经济政策	增加贸易在 GDP 中的比重	没有增加贸易在 GDP 中的比重
贸易在 GDP 中的比重	比较高	不高
90 年代平均经济增长率	5%	——
教育水平	达到发达国家 1960 年的水平	低于第一组发展中国家
平均寿命	达到发达国家 1960 年的水平	——

第二单元　补充练习

二、根据录音 2-8 回答问题。

(1) 杜邦公司是 1984 年在北京设立办事处的。

(2) 现在有 5 家。

(3) 18 家。

(4) 超过 6 亿美元。

(5) 超过 3000 名。

根据录音 2-9，判断下列句子是否正确。

(1) √　　(2) ×　　(3) √　　(4) √　　(5) ×

三、(一)

a　d　e　j

249

（二）

1.

	去小镇主街购物	去沃尔玛购物
交通	小镇的居民，可以开车，也可以走路	附近几十英里范围内的居民，都需要开车，造成交通拥挤
空气	对空气没有什么影响	造成空气污染
停车	在主街	有很大的停车场
店堂面积	小店	面积巨大的店堂
商品种类	单类产品较多	种类齐全
生活方式	传统社区生活方式	反传统社区生活方式
其他	有历史感	破坏传统和小镇城区的历史

第三单元　环境保护

3.1　保护环境　以步代车

一、1.（1）有汽车的人
　　（2）提前消费
　　（3）走路，不开车
　　（4）不节约，很浪费地把所有的东西都用完了
　　（5）关心社会和大众的利益
　　（6）能源短缺
　　（7）不好的结果
　　（8）从最小的事情开始做

2. 资源　　可持续发展　　再生能源　　空气污染　　能源

3.（1）匮乏
　（2）毫无节制　挥霍一空
　（3）严重
　（4）豪华
　（5）污染

二、1.（1）✓　（2）×　（3）✓　（4）×　（5）✓

(6) √　　(7) ×　　(8) √　　(9) ×　　(10) √

2. (1) b　　(2) a　　(3) b　　(4) b　　(5) a　　(6) b

三、(1) 出门随手关灯 (turn off the lights when leaving the house)

(2) 阳光充足时不要开灯 (don't turn on the lights when it is bright)

(3) 用热水器洗澡时动作要快 (take a quick bath/shower)

(4) 减少开关冰箱的次数，用完冰箱，马上关门 (don't open and close the refrigerator doors too often. Close the refrigerator door immediately after you use it)

(5) 使用节能家电 (use energy saving devices)

(6) 不要毫无节制地听音乐，用电脑，看电视 (limit the time of listening to music, playing on the computer, and watching TV)

(7) 不要把空调温度开得太低 (don't set the air-conditioner's temperature too low)

(8) 少用电话聊天，少发短信 (don't speak too long on the phone, use fewer text messages)

(9) 尽量不要在用电高峰时段用家电 (avoid using electric devices during the peak using time)

(10) 安装双层玻璃窗，减少热量和冷凉的消耗 (make the house an energy saving one)

四、(一)

这段文章的主要内容是：b

(二)

你认为应该用以下哪句话来结束这一段落：c

(三)

1. (1) 在缺水的地区建设高耗水的项目。

(2) 城市建设贪大求洋。

(3) 汽车消费追求豪华型。

(4) 住房标准过高，面积过大。

(5) 讲究排场。

2. 这段文章认为，浪费资源的根本原因是：b

五、1. a　e　g　h　i　j

251

3.2 电子垃圾危害巨大

一、1.（1）电子垃圾　　　　　　　（2）欧盟
　　（3）实施法律　　　　　　　（4）危险废物
　　（5）家电制造商　　　　　　（6）消费者
　　（7）延伸责任　　　　　　　（8）黑工厂
　　（9）高峰　　　　　　　　　（10）可回收
　　（11）土壤污染　　　　　　（12）地下水污染
　　（13）大气污染　　　　　　（14）引起注意
　　（15）缺乏环保意识　　　　（16）随意丢弃垃圾
　　（17）新旧更替　　　　　　（18）焚烧垃圾

2.

问　题	词/词组		
电子垃圾的来源	废电脑	废手机	废旧家电
处理废旧家电的不正确方法	焚烧	随意丢弃	囤积在家里
不正确处理废旧家电对环境的危害	土壤污染	大气污染	地下水污染

3.（1）a　c　　　　　　　　（2）a　c
　（3）b　c　　　　　　　　（4）a　b
　（5）b　c　　　　　　　　（6）a　b　c
　（7）a　　　　　　　　　　（8）a　b　c

二、1.

中国处理电子垃圾的方法	欧盟处理电子垃圾的方法
（1）囤积在家和单位里	不能随意丢弃
（2）卖给家电回收小贩	必须交给特别的部门回收处理
（3）黑工厂随意处理	电器制造商和经销商对电子垃圾的回收承担延伸责任

2.（1）b　　（2）a　　（3）c　　（4）b
　（5）b　　（6）a　　（7）a　　（8）c

三、1. 实施　彩电　危险　或者　回收　消费者　小贩　重视

2. 这段录音的主要意思是：b

四、(一)
  (1) ✓   (2) ×   (3) ✓   (4) ×
  (5) ✓   (6) ✓   (7) ×   (8) ✓

(三)
(1) 因为杭州的餐饮业发展迅猛。
(2) 700多吨。
(3) 主要流向养殖业。
(4) 在运输过程中，垃圾腐烂变质，会发出难闻的臭味，也会影响城市卫生。
(5) 可以解决污染问题，也可以用餐饮垃圾生产出生物柴油和蛋白饲料。

3.3　不吃野味不放炮　过个"绿色"春节

一、1. 包装　　　简单的包装　　　精美的包装
　　手提袋　　牢固的手提袋　　耐用的手提袋
　　卫生　　　环境卫生　　　　地面卫生
　　灾难　　　包装灾难　　　　环境灾难
　　污染　　　环境污染　　　　空气污染

2. (1) e　(2) f　(3) d　(4) a　(5) h　(6) b　(7) c　(8) g

二、1. (1) b　c　e　g　　(2) d　e　f
　　 (3) a　d　f　g　　(4) b　d

三、以下哪句话总结了录音3-3的大意：a

四、(一)
1. 绿色生活是一种新的生活方式，这种生活时时处处想到环保。
2. 生产行为和消费行为。
3.

	生产行为	消费行为
例一	制造商品	买东西
例二	盖房子	用电器

253

4.

绿色生活的方面	举 例（可以用其他例子）
（1）节约能源，减少污染	以步代车
（2）绿色消费，环保选购	不买豪华包装的物品
（3）重复使用，多次利用	不用一次性塑料袋
（4）分类回收，循环再生	把垃圾分为可回收和不可回收的
（5）保护自然，万物共存	不吃野生动物

（二）

1. a　c　d　f

（三）

（1）b　　（2）c　　（3）a　c　e　f　h

第三单元　补充练习

一、

请根据录音3-4，回答以下的问题。

（1）世界卫生组织。

（2）1300万人。

（3）有超过33%的疾病是环境问题造成的。

（4）如果解决了环境问题，可以挽救400万人的生命。

（5）应该特别注意饮用水的安全，以及清洁能源。

录音3-5

这段录音的主要意思是：c

录音3-6

这段录音的主要意思是：a

三、（一）

为了节约用电，杨德莲：a

（二）

（1）有人想打车（坐出租车）去，有人想走路去。

（2）是很好的运动，又能节约能源。

(3) 举了德国人周末坐公交车的例子。

(三)

(1) 不要把空调的温度调得太低。

(2) 每天早上开窗通风，然后关窗门，并把窗帘也拉上，不让热气进来。

(四)

(1) b　　(2) a　　(3) c　　(4) a　　(5) b　　(6) c

(五)

节能宣传周	
日期	6月11—17日
谁参加？	中央国家机关
要做什么？	(1) 停开六楼以下电梯一天
	(2) 坐公共交通、走路、骑自行车上下班
	(3) 停开空调一天
	(4) 开展算算我用了多少电的活动

(六)

1. (1) 减少污染

　　(2) 环保选购

　　(3) 多次利用

　　(4) 循环再生

　　(5) 万物共存

2. It has three implications:

First, encouraging consumers to consume green products that are environmentally friendly and are helpful to health;

Second, paying attention to waste management during consumption, so as not to cause any environmental pollution;

and Third, fostering new consumption values by encouraging consumers to love nature and pursue a healthy life. When enjoying a comfortable life, (consumers should) pay attention to protecting the environment and saving resources and energy, so as to maintain a sustainable consumption.

四、1.

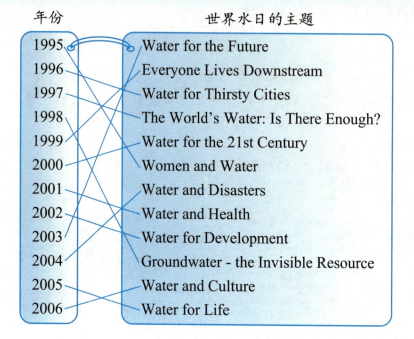

第四单元　教育

4.1　家长忙学校急孩子累　教育切忌拔苗助长

一、1.（1）违反自然情况，希望一件事能够很快成功，结果把事情搞糟了

（2）自然的情况，每件事的成功或改变都需要一定的实践和一定的条件

（3）非要一件事很快成功

（4）希望儿子能够成功

（5）希望女儿能够成功

（6）让一个人去做他没有能力做的事情

（7）非常，极了

（8）没有明确的目的和别人瞎比较

（9）不管花多少钱，不在乎花多少钱

（10）不管结果是怎样的

2.（1）导致失败／导致压力

（2）承受压力／承受后果

（3）出现问题／出现竞争

（4）提供条件／提供帮助／提供信息

(5) 培养孩子／培养兴趣／培养感情

(6) 灌输知识

二、1. (1) a　c　d　g　h　i

(2) b　c　d　f　g　i　j

三、录音 4-1 提出了以下的建议：a　c　d　e

根据录音 4-2，判断下列句子是否正确。

(1) ✓　(2) ×　(3) ✓　(4) ✓　(5) ✓　(6) ×

录音 4-3 是否提出了以下的观点：a　b　d

四、(一)

(1) 孩子参加英语、心算、古诗、数学等培训班。

(2) 有些家长认为参加培训班对孩子将来的学习有好处，是对孩子智力的提前开发。有些家长却认为，这种做法是拔苗助长，对孩子长远的发展不利。

(二)

1.

情　况	关键词语
高中生上网控诉学校"拔苗助长"。	控诉、"拔苗助长"
小冯开始进入快班时内心很欣喜，可频繁的"激励考试"让他身心俱疲，甚至想主动申请退回原班级。	频繁考试、身心俱疲
为此班里的竞争呈现白热化，谁都不愿意回到普通班，触目都是对手。	白热化竞争、触目、对手
一些家长对这项制度有意见，可学校仍然坚持这种做法。	坚持
采取这种做法的高中无异于"拔苗助长"，在短期内确实起到了一定的效果，但从长期看却对学校的整体发展不利。	拔苗助长、不利
因为这种激励部分学生的做法，很容易使老师忽视一些学习成绩中下游的学生，对他们放羊不管。	忽视、放羊不管
而且对于少部分成绩优秀的学生来说，也会造成心理压力，不利于高考成绩的稳定发挥。	心理压力、不利于

2. (1) ✓　　(2) ×　　(3) ✓　　(4) ×
　　(5) ×　　(6) ✓　　(7) ✓　　(8) ✓

4.2　外来学生超四分之一　北京教育难承"外源"

一、1.（1）离开家乡去外地工作的人
　　　（2）重要的、繁重的工作
　　　（3）中间机构，介绍非北京人去北京
　　　（4）一个国家规定的国民必须受到的教育
　　　（5）让更多的学生进入学校
　　　（6）可能造成不安全的地方
　　　（7）跟社会上大多数人不同的人口群
　　　（8）两个不同的体制

2.（1）c　　（2）b　　（3）a　　（4）a　　（5）b　　（6）b

二、1. a　d　f　g　h

2.（1）办学条件简陋。校舍、消防交通和食品卫生等方面存在较多的安全隐患。
　　（2）不具备最基本的教学设施、设备。
　　（3）教师没有受过正规的训练。
　　（4）没有课程计划、教学方案。
　　（5）教育教学质量无法得到保证。

3. b　d　e

三、根据录音4-4填入信息。
　（1）贺先生为小女儿去哪儿上学的事情发愁。
　（2）学校告诉贺先生对打工人员子女，学校将进行考试，优秀的学生可以留下来读书。
　（3）贺先生的女儿因为数学成绩差，学校没有录取她。

根据录音4-5填入信息。
交赞助费。交借读费或给学校领导人情费。

根据录音4-6回答问题。
因为教育资源不足，不能接受那么多学生。

四、

(一)

短文(一)的意思是:a

(二)

短文(二)的意思是:a

(三)

1. c   d

4.3 "实用"成了大学生的生活关键词

一、1. 学习   高考   专业   学费   求职

2.

动 词	名 词	动宾词组
(1) 重	a. 短期回报	(1) a, (1) b, (1) c, (1) d, (1) e, (1) f
(2) 讲	b. 现实	(2) c
(3) 实现	c. 实惠	(3) e
(4) 追求	d. 物质利益	(4) a, (4) c, (4) d, (4) e, (4) f
(5) 赢得	e. 理想	(5) a, (5) d
(6) 注重	f. 功利	(6) a, (6) b, (6) d, (6) e, (6) f

3. (1) 大部分人的选择

(2) 能不能挣钱,一切跟钱或资产有关系的

(3) 在短时期里能看到结果

(4) 想事情的方法

(5) 跟个人的理想、道德标准有关的

(6) 让自己具有很好的品德、品质

(7) 为祖国作贡献

(8) 实现自我,发挥自己的能力

二、1. b   c   e   f   j

三、根据录音4-7,回答下列问题。

(1) 主要说的是大学四年级的学生。

259

(2) 在忙着找工作。

(3) 上网，参加招聘会，投寄简历。

根据录音 4-8，回答下列问题。

(1) 教育部要求各单位要过了 11 月 20 日才能进校园招聘。

(2) 通过参加招聘会，大学生可以积累面试经验。

(3) 过早过多地参加招聘会影响高校的教学质量和教学秩序。

四、（一）

(1) 是由国家决定的。

(2) 社会地位、社会意义、发挥个人的才能、报酬。

(3) 大城市全民所有制的单位。

(4) 集体所有制或个体经营的单位。

（二）

(1) ✓　(2) ×　(3) ×　(4) ✓　(5) ✓　(6) ✓

（三）

(1) 务实、竞争、冒风险。

(2) 他们追求务实，把求职和成才、个人价值和社会价值、科学文化知识和市场经济结合在一起。

(3) 先考虑实现个人价值，再考虑社会价值的实现。

（四）

1. (1) ✓　(2) ✓　(3) ×　(4) ×　(5) ✓

第四单元　补充练习

一、（一）

(1) 有些家长为了把自己的孩子培养成神童，让他们参加各种辅导班、培训班，其实这样做对孩子并无好处。

(2) 让孩子参加各种辅导班和培训班，让孩子把绝大部分的业余时间放在学习和练习上。

(3) 不顾孩子的兴趣，让孩子去培训班，对孩子没有什么帮助。

（二）

(1) 这个大学生没有自我思考的能力。一切都是按照父母安排好的去做。

(2) 父母不应该什么都替孩子做，应该培养孩子自我思考、自我解决问题的能力。

(三)

(1) 一个孩子在幼儿园受到的教育是要保护青蛙，可是在家里，却看到他爸爸买了很多活青蛙，并要把青蛙杀了吃掉。他告诉爸爸要保护青蛙，他爸爸不听，把他骂了一顿。这个孩子不明白为什么，就哭了起来。幼儿园老师知道以后，说服孩子的爸爸跟孩子一起保护青蛙。

(2) 幼儿没有分辨是非的能力，他们往往模仿大人。所以家长要注意自己的行为，为孩子树立一个好榜样。

二、根据录音4-9回答问题。

(1) 描述的是中国激烈的高考竞争。

(2) 也不容易。

(3) 从六岁以前就开始了，因为竞争从学前教育就开始了。

根据录音4-10，判断下列句子是否正确。

(1) ✓   (2) ×   (3) ×   (4) ✓   (5) ×

三、(二)

(1) 海淀区将让15000名原打工子弟学校的学生去公办中小学就读。

(2) 打工子弟学校有的有危房问题，有的在应急处理、火灾、用电、食品卫生、煤气中毒、交通方面有很多问题。

(3) 他们可以去公办中小学上学。

(4) 要让每个打工子弟有学上，上好学。

(5) 他们发出关闭学校通知时，许多学校已经放暑假了，因此许多家长不知道学校已经关闭了。海淀区教育部门决定要深入打工子弟学校，把通知发给每个家长。

(三)

1. (1) c   (2) b   (3) b   (4) a

(四)

1.

问 题	例 子
不像学校（没有学校的感觉）	教室条件很差，很多学生挤在一个教室里。
学校的环境很差	房屋条件差，有的是破旧仓库。甚至旁边就是垃圾场。没有操场。

学校的消防安全隐患	电线老化，液化气和煤炉混用。
学校的交通安全隐患	接送学生用的班车大都是几乎报废的旧车。校车超载。
教师的质量差	大部分教师没受过正是培训。以前是工程项目承包者、小商小贩、建筑工、清洁工、保姆等。有的只受过小学教育。
学校的管理很差	对教师需具备什么条件、学校应开什么课程、教学质量该达到什么水准都没有标准。

2. a c d e f g i

3. 有关部门应加紧对现有民工子弟学校的审核，明确民工子弟学校的办学、教学质量标准，以及办学者和师资的资格要求。

第五单元　就业

5.1　就业形势严峻，毕业生求职忙

一、1. 招聘　　面试　　简历　　应聘　　考官

2.
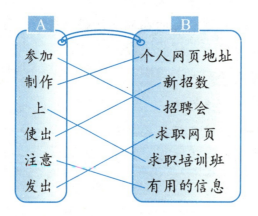

3. (1) 越来越严重
   (2) 每个人发挥自己的长处
   (3) 新的办法
   (4) 表现自己的实际能力
   (5) 练习的地方

二、1. (1) 现在大学毕业生找工作并不容易，所以大家各显神通。

(2) 因为就业形势日趋严峻，所以大学毕业生使出了不少新招。

(3) 制作求职网页，可以节约成本，提高效率。

(4) BBS 电子版很受欢迎，因为公告版上有许多有用的信息，还有面试的技巧。

(5) 大学毕业生认为提早找工作可以给他们充分的求职时间，还可以给他们锻炼的机会。

(6) 很多毕业生把参加招聘会当做正式找工作的练兵场。

三、根据录音 5-1，回答问题。

(1) 她的标准是要大公司和高工资。

(2) 这家公司需要为一个岗位找到最适合的人选，而不是最优秀的学生。

根据录音 5-2，回答问题。

(1) 面试很成功，公司对她的英语水平和业务知识都很满意。

(2) 她觉得那家公司太小。

根据录音 5-3，回答问题。

她没有去，因为父母认为做保险没前途。

四、(一)

(1) 大学生在专业选择和职业选择方面有心理障碍。

(2) 大学生疲于应付招聘会和学习。

(3) 大学生苦恼的是有些招聘会并不是来招聘的，而是另有所图。

(4) 大学生找工作的自信心严重受挫，因为他们一次又一次应聘无效。

(二)

1. (1) √ (2) × (3) × (4) √ (5) √ (6) √ (7) √ (8) √

2. e

(三)

1. (1) "面霸"是为了找到工作经常参加面试的人。"考霸"是为了找到工作经常参加考试的人。

(2) 大学生找工作不容易，常常会面临曲折。经过多次面试考试才能找到工作。

5.2　跳槽是钥匙，但不是万能钥匙

一、1. (1) 不听别人的意见，自己要做什么就做什么

263

(2) 复杂的关系

(3) 进步提高的前途、余地

(4) 有了问题，有了错误

(5) 退休、医疗、休假等，

(6) 做同样的事情，按照规定去做，没有改变

(7) 不友好

(8) 一个什么时候什么地方都能用的方法

2.(1) 出现偏差 / 出现问题 / 出现麻烦

(2) 吸引外资 / 吸引学生

(3) 面对机遇 / 面对问题 / 面对现实

(4) 发现机遇 / 发现偏差

(5) 厌倦生活 / 厌倦学习 / 厌倦工作

(6) 充满敌意 / 充满热情 / 充满欢乐

(7) 调整状态 / 调整时间

二、1.(1) b　c　d　f　g

(2) a.状态　b.跳槽　c.跳槽　d.状态　e.状态　f.状态　g.跳槽

三、根据录音5-4选择所有正确的答案。

王林跳槽是因为：b　d　f

根据录音5-5选择所有正确的答案。

小许跳槽是因为：b　c　d

根据录音5-6选择所有正确的答案。

小青跳槽是因为：a　c　e

四、(一)

厌倦工作	是/不是	说明你的理由
每天早上起来都不想去上班。	是	
办公室有一个同事不跟你说话。	不是	
觉得生活没有乐趣，工作没有成就感。	是	
平时心情很好，偶尔有一天心情不好。	不是	

厌倦工作	是/不是	说明你的理由
一想到要去上班,心情就特别不好。	是	
觉得上司和同事都对自己不好。	不是	
离下班还有一个多小时就不停地看表。	不是	
常常忘了下班的时间。	不是	
办公室没有窗户,空气不好,所以你不想去办公室。	不是	

(二)

1.

敌对的工作环境	是/不是	说明你的理由
同事不断给你麻烦。	是	
上司对你上班迟到进行批评教育。	不是	
不论你做什么,同行都批评你。	是	
很久没有和同事一起出去吃饭了。	不是	
办公室环境不好,同事之间不说话。	是	
下属或同事拉帮结派。	是	
领导独断专行。	是	
你想和领导谈谈,领导总是说没时间。	是	
你请同事去你家吃饭,他说没空儿。	不是	
有一个同事总是去领导那儿报告别的同事。	不是	
同事常常生病,领导把他们的工作都派给你做。	不是	
有一个同事常常无缘无故地发脾气。	不是	

5.3 养活自己永远是第一位的

一、1. (1) b (2) a (3) c (4) b (5) c
       (6) c (7) c (8) c (9) b (10) b

2.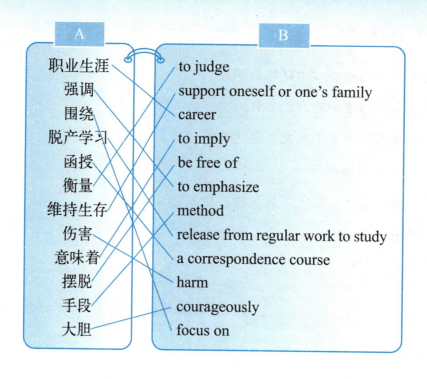

二、1.

徐小平的观点	是/不是	你的观点
没有足够高的学历就不可能成功。	不是	
有高学历的人不一定能力高。	是	
要成功就一定要接受正规教育。	不是	
学历要为职业服务。	是	
为学历可以牺牲职业。	不是	
不要为读书而读书,为学历而学历。	是	
教育不是成功的唯一手段。	是	
工作经验和教育一样重要。	是	
有了好工作就再也不要去深造了。	不是	
现在的社会根本不重视教育。	不是	

3. (1) a b c d e f g h i

三、根据录音5-7填入信息。

(1) 旭彤是广州一所名牌高校档案系的学生,今年大三。

(2) 旭彤感到了就业危机,所以她想到了考研。

(3) 旭彤父母亲戚的意见有分歧,有人说考研好,也有人说女孩子不用念那么多书。

(4) 旭彤最后决定考研。

根据录音5-8填入信息。

(1) 晓棠是广州市某高校<u>96级本科生</u>，她以前的男朋友是<u>商学院的</u>。

(2) 大四上学期，晓棠获得了<u>保研资格</u>，男友则决定毕业后就<u>工作</u>。

(3) 一次偶然机会，晓棠认识了比她大<u>19岁的黄先生</u>。

(4) 经过一番考虑，晓棠决定<u>放弃原来的男朋友</u>，选择黄先生。

(5) 晓棠毕业前夕，还放弃了<u>保研资格</u>，答应黄先生的<u>求婚</u>。

根据录音5-9判断下列句子是否正确。

(1) ✓　　(2) ×　　(3) ✓　　(4) ✓

四、(一)

(1) 因为不是他看不上单位，就是单位看不上他。他的要求不符合单位的要求。

(2) 要做好心理准备，在大学成功不一定在毕业后也会成功。要调整好自己的心态。

(二)

(1) 中国学生出国读硕士的人数<u>明显增多</u>。

(2) 1991年到2004年，办理国外学历学位认证的硕士学位获得者有<u>一万八千多人</u>。

(3) 2004年通过上海外服公司办理的自费留学生中，出国读硕士的人占出国人数的<u>百分之六十</u>。

(三)

1. a　　d　　e

第五单元　补充练习

二、根据录音5-10回答问题。

这家公司的老总为什么不喜欢聘用应届毕业生？

a　　b　　e　　f　　g　　h

根据录音5-11，判断下列句子是否正确。

(1) ✓　(2) ✓　(3) ×　(4) ×　(5) ✓　(6) ✓

三、(一)

a　　c　　g　　h　　i　　j

(二)

(1) 招聘单位趁机提高用人标准，比如对学历、工作经验、年龄、身高等要求。

(2) 要根据社会需求，调整高校的专业设置。同时要提高学生运动知识的能力。

生词总表
Vocabulary List

A
按部就班	5

B
拔尖儿	4
拔苗助长	4
摆脱	5
包装	3
保护	1
保障	5
报效	4
暴力	2
本土化	2
逼	1
比喻	4
边疆	4
边缘	2
编排	1
变卖	3
变迁	1
表明	1
博客	1
不败之地	2
不亦乐乎	4

C
采取	2
策略	2
差异	1
成本	4
承受	4
程度	2
程序	1
充满	5
重现	5
出台	4
处理	3
处于	2
触目惊心	3
传递	1
传输	1
闯荡	5
创新	4
创造	2
辍学	5
次于	1
刺激	2
促使	5
措施	3

D
打击	2
打造	2
大胆	5
大锅饭	5
单调	5
导致	4
得意	5
敌意	5
地地道道	2
点击	5
电驴	1
调查	1
叠	5
碟片	1
丢弃	3
独立	4
独断专行	5

堆积如山	3

E
二元结构	4

F
发愁	4
发达	3
方方面面	5
非同小可	2
废气	3
分化	2
纷纷	2
纷杂不清	5
奋斗	4
风险	2
疯狂	4
福利	5
负担	4

G
赶着鸭子上架	4
高峰	3
高枕无忧	5
革命	1
个别	4
各显神通	5
更替	3
公布	5
公德心	3
功利	4
功能	2
共产主义	4
共享	1
贡献	1
顾及	3
关注	4
观点	1

灌输	4
广泛	1
广阔	5
规划	4
规律	4
规模	1
过程	1
过度	3
过时	5

H
函授	5
行业	1
毫无	3
合资	4
核定	4
衡量	5
火	1
鸿沟	2
后代	3
后果	4
呼吁	3
互联网	1
挥霍一空	3
回报	4
回流	4
回收	3

J
机动车	3
机遇	5
基层	4
基础设施	3
激活	1
激烈	2
即时通	1
棘手	3
纪元	1

加剧	2
简陋	4
减免	2
焦点	4
焦虑	4
角落	1
接轨	3
节俭	3
节制	3
结果	4
截至	1
届时	3
津津乐道	1
经营	2
精彩	1
精力	5
精美	3
精神	4
竟然	1
竞争	2
巨大	1
决策	2
绝对	5
均	1
均衡	2

K

开放	1
看待	2
可持续发展	3
空间	5
枯	4
枯燥	5
苦果	3
苦恼	5
跨国公司	2
宽带	1

款式	2
匮乏	3

L

滥用	3
牢固	3
老皇历	1
理念	3
立法	3
连锁店	2
连续剧	1
临时	5
灵活	1
零售商	2
领域	5
流行病	4
浏览	1
浏览器	1
陆续	3
乱哄哄	1

M

盲目	4
名副其实	3
明显	1
命运	4
模式	1

N

耐用	3
难怪	2
能力	4
能源	3
弄糟	4

P

排放	3
徘徊	5

攀比	4		僧多粥少	1
偏差	5		膳食	2
评论	1		伤害	5
普遍	5		上岗	5
普及率	1		涉及	1
			摄像头	1
Q			深刻	1
期望	5		神童	4
气氛	3		甚至	4
铅	3		慎重	2
前程	5		生产总值	2
前途	4		生存	5
前卫	1		生涯	5
歉收	2		声称	1
强调	1		施工	3
强求	4		时尚	2
切忌	4		时事	1
清单	1		实惠	4
清晰	4		实力	5
区域	1		视频	1
趋势	4		首次	1
全球化	2		首选	1
缺乏	2		受益	2
群体	4		数据	1
			数据库	1
R			水土不服	2
人格	4		思考	4
人力资源	2		思维方式	4
人士	1		搜寻	1
人之常情	3		随意	3
日复一日	3		随着	2
日趋	1			
日益	2		**T**	
入乡随俗	2		讨厌	1
			特定	5
S			天然气	3
塞	4		体罚	4
散文	5			

271

生词总表

异口同声	3	征收	5
休闲	3	现实	5
营养	3	消除	2
竞争	5	消防	4
铁饭碗	5	消费	2
通信	2	消费者	2
统计	3	消耗	2
统统	3	心理	5
痛苦		心疼	
突破	1	新闻	2
		行为	3
		资产	2
	W		
外企	4	压力	4
		严峻	5
威胁	4	厌倦	5
维持	5	野生	3
位居	1	一味	3
		优势	
	Y	以大为荣	
细节	1	意向	5

272

语言注释索引
Index to Language Notes

B			N	
便	1		哪怕	3
并非	4		**Q**	
不妨	5		其	2
不足	2		**R**	
C			日趋	5
处于……状态	2		若是	1
次于（形容词＋于）	1		**S**	
D			是……而不是……	2
倒是	1		首	1
对……进行	1		受益于	2
E			数日	1
而	1，4		随着	1 5
F			随之	5
反而	4		**T**	
H			谈不上	1
或许	4		通常来说	5
J			同比	1 1
及	5		同……相比	1
即	4		**W**	
截至	1		未	4
届时	3		为	1 2
仅	1		无不	2
尽管……可是……	3		**X**	
竟然	1		相当于	3
均	1		相对……而言	1

274

心切	4	硬	5
		尤为	2
Y		有助于	2
一味	3	于	2
以……来……	2		
以……为主	2	**Z**	
以……著称	2	暂且	1
以便	2	则	5
因……而……	5	至	3